NATIONAL GEOGRAPHIC

lonely planet

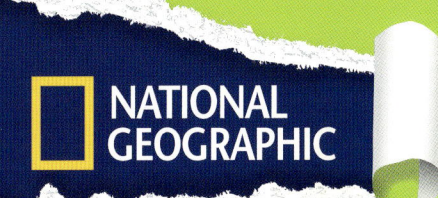

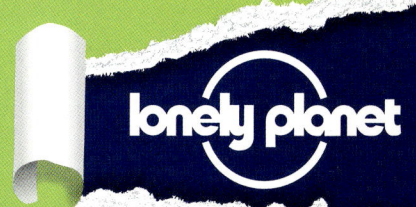

Cool Verrückte WELT-WUNDER

FÜR ELTERN VERBOTEN!

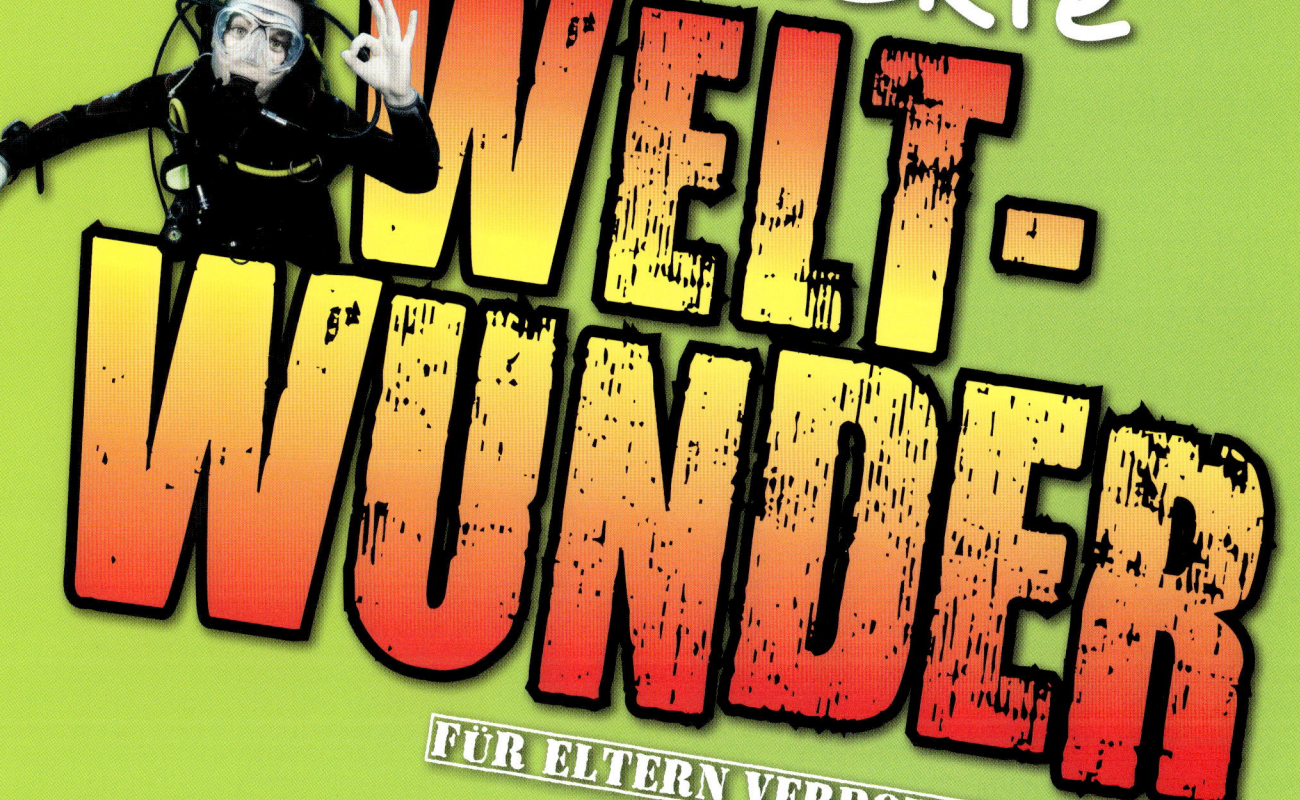

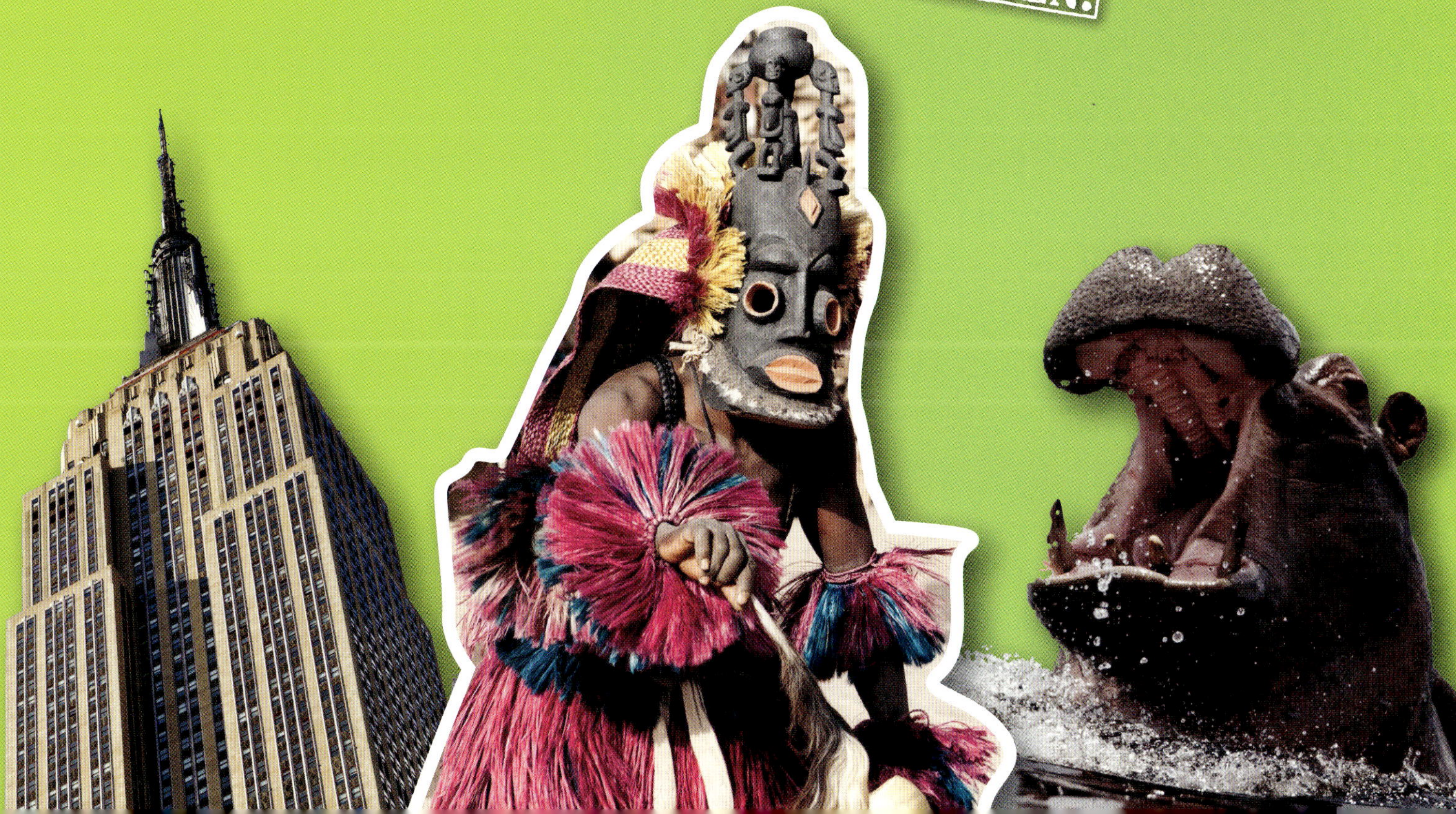

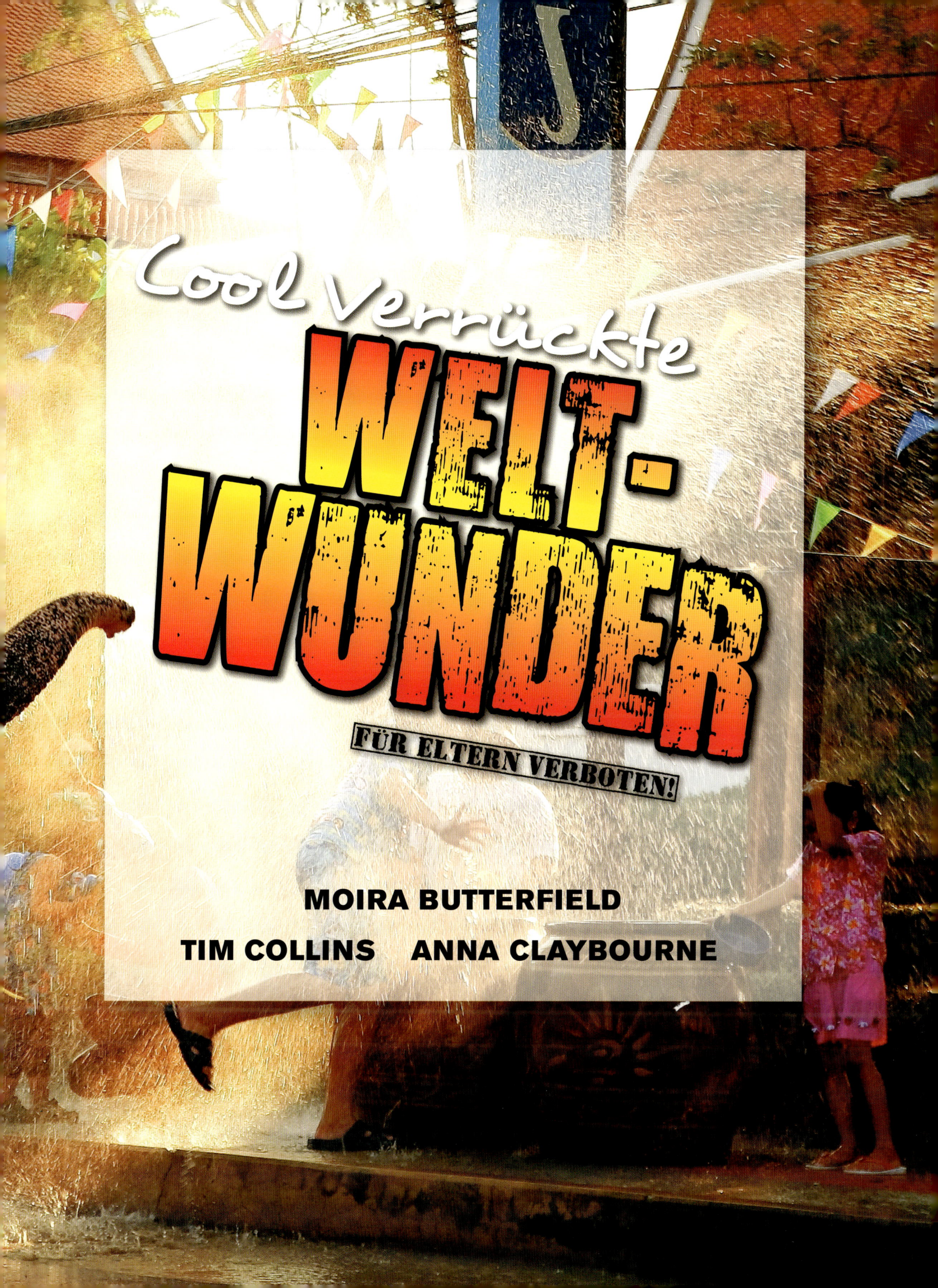

Cool Verrückte WELTWUNDER

Unsere Welt ist voller **irrer Wunder**, die alle

Grenzen deiner Fantasie sprengen. Mach dich bereit für eine

Weltreise, wie sie noch kein Tourist erlebt hat. Entdecke eine

schräge Sammlung wundersamer Orte, manche

davon **SUPERCOOL**, andere völlig **DURCHGEKNALLT.**

Du wirst kichern und prusten, staunen und seufzen, die Augen

verdrehen, den Kopf schütteln und immer wieder sagen:

«WIE COOL IST DAS DENN?!»

HIER LANG ZUM IRRSTEN TRIP ALLER ZEITEN

INHALT

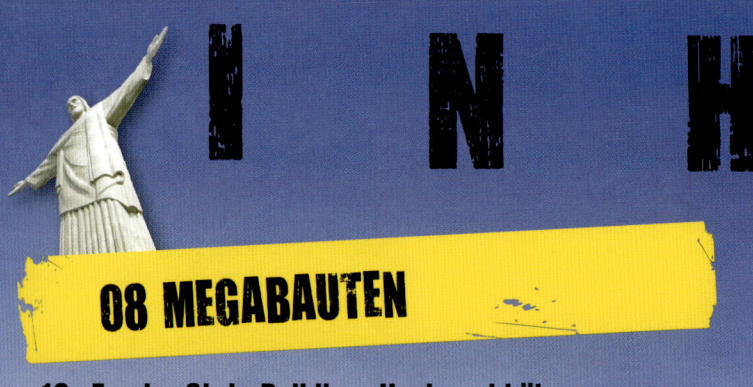

84 GEHEIME ORTE

102 HIGHTECH

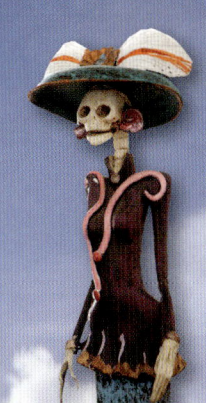

122 GRUSELSTORYS

138 GEFAHRENZONEN

01

Die höchsten, tiefsten, ältesten, größten, teuersten, atemberaubendsten, berühmtesten, märchenhaftesten, verrücktesten, geheimnisvollsten, modernsten ...

MEGABAUTEN

Burj Khalifa, Seite 12

EMPIRE STATE BUILDING: HOCH UND HÖHER

Heute konkurrieren Länder rund um den Globus darum, das höchste Gebäude der Welt zu bauen. Mit dem berühmten Empire State Building in New York fing alles an.

WOLKENKRATZER MIT KULTSTATUS

1931 staunten die New Yorker über das neue Empire State Building, das weltweit erste Haus mit über 100 Stockwerken. Mit 442 m blieb es 40 Jahre lang das höchste Gebäude der Welt. 1933 kam es sogar ins Kino: In dem berühmten „King Kong"-Film klettert der Monsteraffe bis auf seine Spitze. Sie war ursprünglich als Ankermast für Zeppeline vorgesehen.

TREPPENLAUF

Jedes Jahr gibt es einen Wettlauf 86 Stockwerke des Gebäudes hinauf, über 1576 Treppenstufen. Die Siegerzeit liegt meistens bei rund zehn Minuten.

WOW!

ZAHLEN & FAKTEN ZUM EMPIRE STATE BUILDING

- Das Hochhaus wurde in nur 13 Monaten gebaut.
- Seit seiner Eröffnung 1931 kamen rund 110 Millionen Besucher.
- Es wird etwa hundert Mal im Jahr vom Blitz getroffen.
- Die Architekten entwarfen es nach dem Vorbild eines dicken Schülerbleistifts.

MEGAHOHER MONSTERTURM

Neben modernen Wolkenkratzern erscheint das Empire State Building klein und demnächst noch winziger. 2018 soll der Kingdom Tower in Dschidda, Saudi-Arabien, fertig werden. Er wird den derzeitigen Rekordhalter, den Burj Khalifa in Dubai (siehe Seite 12), weit überragen. Der „kilometerhohe Turm" sollte ursprünglich schwindelerregende 1600 m hoch werden, neuere Planungen sehen aber „nur noch" eine Höhe von 1007 m vor.

SPITZEN-JOB

Wenn du hoch hinaus willst, bewirb dich als Wolkenkratzer-Fensterputzer! Das ist fast schon ein Job für Bergsteiger. Die Fensterputzer balancieren auf schmalen Arbeitsbühnen oder baumeln in Gondeln, festgeschnallt mit Sicherheitsgurten. 2012 musste ein Fensterputzer von der Feuerwehr gerettet werden, als seine Hängebühne kurz unter der Spitze des Londoner Shard Building (309,6 m) bei starkem Wind wild ins Schaukeln geriet.

WAHNSINN!

WENN DAS OBERSTE GESCHOSS EINES HOCHHAUSES AUFGESETZT IST, FEIERN DIE BAUARBEITER GANZ OBEN IN LUFTIGER HÖHE DAS RICHTFEST. BEI DEM PICKNICK UNTER FREIEM HIMMEL LASSEN SIE ABER IHRE SICHERHEITSGURTE AN.

AUFWÄRTS

Die Aufzüge des Empire State Building sind nicht mit denen moderner Mega-Wolkenkratzer vergleichbar, die fast schon Raumfahrterlebnisse versprechen. Die schnellsten sind mit rund 1000 m pro Minute unterwegs, das ist etwa ein Stockwerk pro Sekunde. Sie sind mit Druckausgleich ausgestattet, um Ohren und Magen der Passagiere zu schonen. Ihre Stromlinienform minimiert Vibrationen und Lärm.

ABWÄRTS

Ölbohrinseln reichen viel weiter in die Tiefe als Wolkenkratzer in die Höhe. Rekordhalterin ist die Magnolia Oil Platform im Golf von Mexiko: Von ihrer Spitze sind es 1432 m bis auf den Meeresboden hinunter. Aber sie gilt nicht als Gebäude, weil sie sich nicht selbst trägt. Sie schwimmt auf dem Wasser und ist mit gigantischen Stahltrossen verankert.

REKORDKRATZER

Geplante Wolkenkratzer, die den Burj Khalifa überragen sollen:

Murjan Tower 1, Bahrain: 1022 m

Kingdom Tower, Dschidda: 1007 m

Burj Mubarak, Kuwait: 1001 m

Nakheel Tower, Dubai: 1000 m

Fertig gebaute Wolkenkratzer in der Reihenfolge ihrer Höhe:

Burj Khalifa, Dubai: 828 m

Abraj Al-Bait, Mekka: 601 m

Taipei 101, Taipeh: 508 m

Shanghai World Financial Centre, Schanghai: 492 m

International Commerce Centre, Hongkong: 484 m

Petronas Towers, Kuala Lumpur: 452 m

LUFTKRANK?

Starke Winde können Wolkenkratzer so in Schwingung bringen, dass ihre Spitze leicht hin und her schwankt. Aus diesem Grund baut man Dämpfungselemente ein, um die Schwingungen zu verringern, damit die Leute im Hochhaus nicht „seekrank" werden. Im Wolkenkratzer Taipei 101 zum Beispiel hängt eine riesige Stahlkugel. Wenn das Gebäude in eine Richtung schwankt, pendelt die Kugel zum Ausgleich in die andere.

COOL VERRÜCKTE WELTWUNDER

EINBLICKE!

Die Spitze des Wolkenkratzers schwankt bei starkem Wind um bis zu 2 m hin und her.

über 22 000 Glasscheiben

51 Aufzüge

BURJ KHALIFA:

DAS IST SPITZE!

Seit 2010 ist der Burj Khalifa in Dubai das höchste Gebäude der Welt. Die riesige Nadel ragt 828 m hoch aus der Skyline von Dubai und wurde zum ersten „Superscraper" ernannt. Und das Tollste: Du kannst mit einem superschnellen Aufzug nach oben flitzen, um den Wahnsinnsblick von einer der höchsten Aussichtsplattformen der Welt zu bestaunen.

DER LÄNGSTE LIFT

Der Burj Khalifa hat die meisten Stockwerke (163), das höchste bewohnte Stockwerk und die längste Aufzugfahrt der Welt – mit 504 m Höhenunterschied.

Fitnessraum

WASSER-WERK

Wasserdampf, der im Gebäude entsteht (z. B. beim Ausatmen), wird automatisch gesammelt und in unterirdische Tanks geleitet, um die Gärten zu bewässern.

REKORDPOOL

Bei seiner Eröffnung hatte der Burj Khalifa den höchsten Swimmingpool der Welt. Badegäste können vom Innenbecken zum Freibad auf dem Balkon hinausschwimmen.

Der Bau des Burj Khalifa kostete rund 1 Milliarde US-Dollar.

OOH!

MEGA-BAUSTELLE

Für das Fundament des Burj Khalifa buddelte man zuerst einmal ein Riesenloch. In das Loch wurden gewaltige Betonpfähle versenkt (insgesamt 192), die das Gewicht des Gebäudes tragen. Darauf wurde dann Stück für Stück der Wolkenkratzer gebaut, dessen Gerippe aus Stahlträgern besteht. Die Außenwände hängen wie Vorhänge an diesem superstarken Stahlskelett.

Büros

Einkaufszentrum

FELSENFEST

Hinter den Luxuszimmern verbirgt sich ein extrem stabiler Kern aus Stützpfeilern und Stahlbetonträgern. Von außen ist das Gebäude mit Aluminium, Edelstahl und Glas verkleidet.

Restaurant

Wohnungen

HOCHWERTIG

Im Burj Khalifa gibt es Läden, ein Hotel, Luxuswohnungen, Büros und das höchste Restaurant, den höchsten Nachtclub und die höchste Moschee der Welt.

KULT:
DIE FREIHEITSSTATUE

Statuen gibt es an jeder Ecke, aber kaum eine ist so riesig und so berühmt wie diese Lady.

Freiheits-statue

Christus-statue

Giraffe

KLARER FALL VON FRAUENPOWER!

DER STOLZ DER NATION

Die Freiheitsstatue im Hafen von New York, USA, war ein Geschenk der Franzosen an das amerikanische Volk. Ihre 350 Einzelteile wurden in Riesenkisten aus Frankreich rübergeschippert. Es dauerte neun Jahre, sie alle zusammenzusetzen.

DA STAUNT DIE GIRAFFE

Manche Statuen werden zu weltberühmten Wahrzeichen ihres Landes, die jedes Kind kennt. Die Freiheitsstatue ist ein gutes Beispiel dafür. Noch ein Beispiel ist die Statue „Christus der Erlöser" in Rio de Janeiro, Brasilien. Um eine Ahnung davon zu kriegen, wie groß sie sind, stellst du dir am besten eine ausgewachsene Giraffe vor. Die Freiheitsstatue ist fast 17-mal so groß und die Christusstatue immerhin noch mehr als 5-mal so groß wie eine Giraffe.

ZAHLEN & FAKTEN ZUR FREIHEITSSTATUE

- Die Statue wurde 1886 eingeweiht.
- Ihr kupfernes Gesicht ist über 2,4 m hoch; ihr Taillenumfang beträgt 10,66 m.
- Gesamthöhe: mit Sockel 93 m, ohne Sockel 46,5 m.
- Die sieben Strahlen der Krone stehen für die sieben Kontinente.
- Im Inneren der Statue gibt es 154 Treppenstufen.
- Die Fackel ist mit 24-karätigem Blattgold beschichtet.

Weblink
Der Blick per Webcam von der Fackel der Freiheitsstatue:
www.ellisisland.org/TorchCam

Quellentempel

Mount Rushmore

UND NOCH EIN PAAR VERBLÜFFENDE RIESENSKULPTUREN:

01. „Der Mensch am Meer" – Esbjerg, Dänemark.
02. Großer Buddha – Leshan, China.
03. Als Statue getarntes Gebäude - Fengdu, China.

REKORDRIESEN

Die höchste Statue der Welt ist der 128 m hohe, goldfarbene Quellentempel-Buddha auf einem Hügel im Kreis Lushan der chinesischen Provinz Henan. Mit Sockel ist er sogar 153 m hoch, über eineinhalb Mal so hoch wie die Freiheitsstatue. Zu den größten Skulpturen der Welt gehören auch die Köpfe von vier berühmten US-Präsidenten, die in eine Granitwand des Mount Rushmore in Süd-Dakota, USA, gemeißelt sind. Sie sind bis zu 18 m hoch, jedes Auge ist rund 3,35 m breit.

BERÜHMTER BRASILIANER

Die Statue „Cristo Redentor" (Christus der Erlöser) steht auf einem Berg oberhalb von Rio de Janeiro. Sie besteht aus Beton und Speckstein und ist mit ihrem Sockel 36,1 m hoch. Brautpaare können sich in einer Kapelle im Sockel der Statue trauen lassen.

01

02

03

COOL VERRÜCKTE WELTWUNDER

15

Was für ein Turm!

Vom Eiffelturm und anderen berühmten Bauwerken

Eiffel hat den Turm gar nicht selbst entworfen. Er kaufte den Entwurf von einer Gruppe anderer Ingenieure.

Der Turm hatte nur eine Zulassung für 20 Jahre und sollte dann abgerissen werden. Er durfte stehen bleiben, weil er sich als Funkturm nützlich machte.

Am Anfang lästerten viele Pariser Architekten und Künstler, der Turm sei „lächerlich und monströs".

LE TURM

Der 324 m hohe Eiffelturm ist das berühmte Wahrzeichen der französischen Hauptstadt Paris. Der Turm wurde 1889 als Eingangstor für die Weltausstellung gebaut und nach Gustave Eiffel, dem Chef des Konstruktionsbüros, benannt. Er gehört zu den beliebtesten Bauwerken der Welt und wird jährlich von über 7 Millionen Menschen besucht.

Unter dem Turm sind sogar schon Kleinflugzeuge durchgeflogen.

WAHNSINN!

DER EIFFELTURM WIRD VON 2,5 MILLIONEN METALLNIETEN ZUSAMMENGEHALTEN.

KIPPELIGE KONSTRUKTION

Den Schiefen Turm von Pisa kennt wohl jeder, aber wusstest du, dass er schon in den sumpfigen Untergrund einsackte, bevor er überhaupt fertig gebaut war? Der Name seines Architekten ist heute vergessen, nur sein Baufehler bleibt unvergesslich.

* Der Turm kippte immer weiter zur Seite, bis er 1990 etwas aufgerichtet und stabilisiert wurde. Jetzt hat er einen Neigungswinkel von 3,99 Grad.

* Der schiefste Turm der Welt ist das Capital Gate Building in Abu Dhabi. Es wurde absichtlich mit einem Neigungswinkel von 18 Grad gebaut.

FRISCHE FARBE

Alle sieben Jahre kriegt der Eiffelturm einen neuen Anstrich, damit die Eisenteile nicht rosten. Der untere Teil wird dunkler gestrichen als der obere. Für den Job brauchen 25 Anstreicher insgesamt 15 Monate und verschleißen dabei ungefähr 1500 Pinsel.

EINE TRÄNE FÜR DIE EWIGKEIT

Der Tadsch Mahal ist ein weltberühmtes Mausoleum (riesiges Grabmal) in Indien. Der Großmogul Schah Dschahan ließ ihn im 17. Jahrhundert zum Andenken an seine geliebte dritte Frau, Mumtaz Mahal, bauen. Der Dichter Tagore fand ihn so schön, dass er ihn „eine Träne auf der Wange der Zeit" nannte.

* Auf der Baustelle des Tadsch Mahal wurden 1000 Elefanten eingesetzt, um schwere Lasten zu heben.

* Die Gartenanlage vor dem Mausoleum soll das Paradies darstellen.

Schah Dschahan

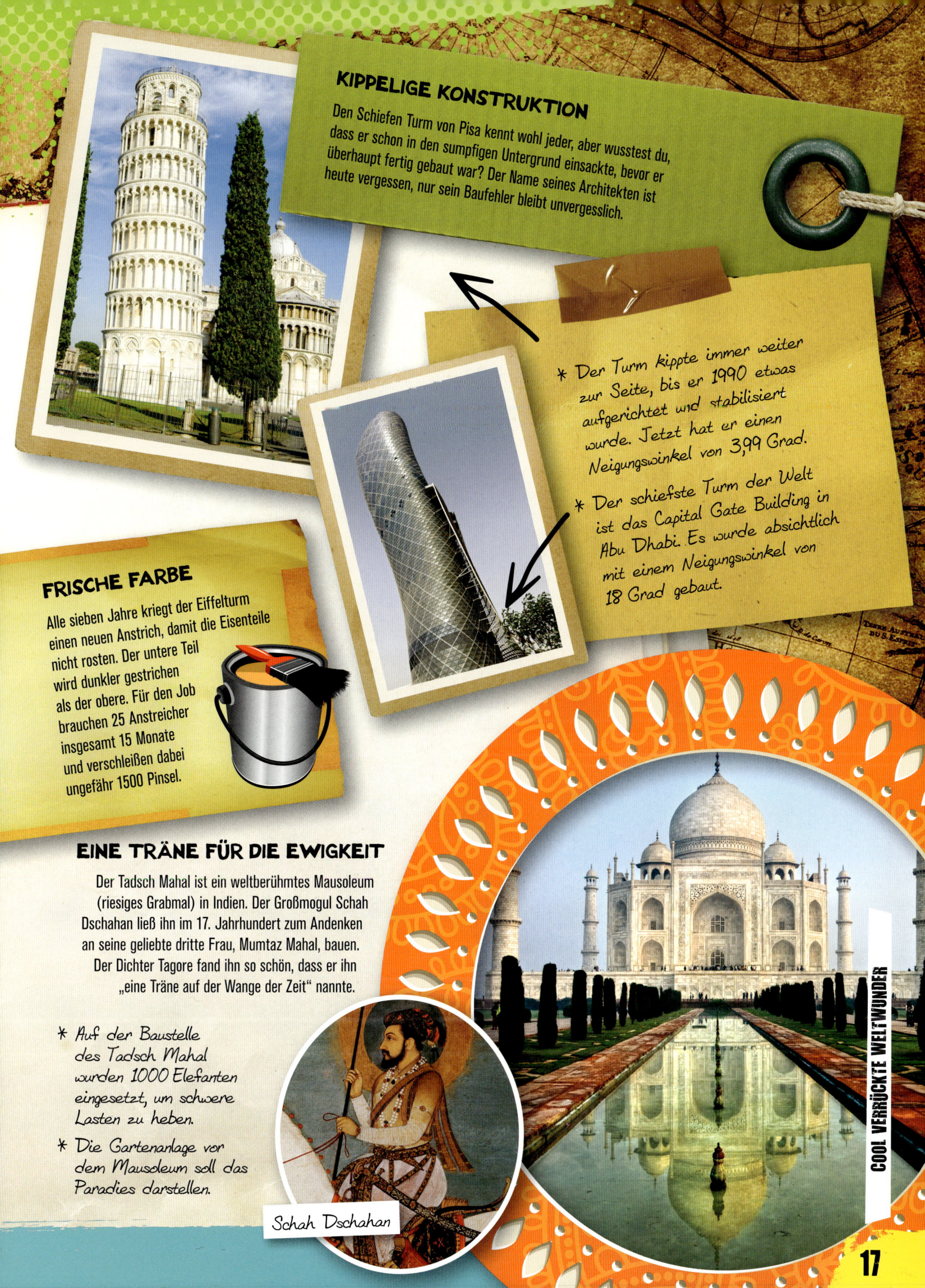

COOL VERRÜCKTE WELTWUNDER

17

INSELN
MARKE EIGENBAU

Die Meere und Seen der Welt sind voll von irren Inseln, die künstlich geschaffen wurden.

Schilfinseln

PASS AUF, WO DU HINTRITTST!

Das Volk der Uru lebt auf über 40 schwimmenden Inseln im Titicacasee zwischen Bolivien und Peru. Die Inseln bestehen aus riesigen Schilfbündeln. Auf ihnen herumzugehen, fühlt sich an, als ob man auf einem Wasserbett herumtrampelt. Besucher müssen aufpassen, dass sie nicht auf eine lockere Stelle treten und im Wasser landen.

SUPER SANDBUDDLER

Dubai hat zwei künstlich angelegte Inselgruppen in Palmenform (eine ist unten links abgebildet) und eine Inselgruppe in Form einer Weltkarte. Die Inseln sind aus Sand gebaut, der vom Meeresboden heraufgeholt wurde.

Auf den neuen Inseln vor Dubai stehen Luxusvillen und -hotels.

Palminseln

RECYCLING-INSEL

Der Brite Richart Sowa baute sich eine eigene Insel, indem er über 100 000 gebrauchte Plastikflaschen in Netze stopfte und Holzpaletten darauflegte. Die Insel heißt Spiral Island 2 und ist vor der mexikanischen Küste mit Seilen vertäut. Sie hat sogar einen eigenen Swimmingpool mit einer winzigen Enteninsel in der Mitte.

Spiral Island 2

Flevoland

LAND AUS DEM MEER

Flevoland in den Niederlanden ist die größte künstliche Insel der Welt: Teile einer Meeresbucht wurden trockengelegt, indem man Deiche baute und Unmengen Wasser abpumpte. Weil Flevoland unter dem Meeresspiegel liegt, wird es nur durch ständig laufende Pumpen davor bewahrt, wieder im Meer zu versinken.

Burj Al Arab

HÖCHSTER LUXUS

Burj Al Arab, das erste 7-Sterne-Hotel der Welt, steht auf einer künstlichen Insel vor Dubai. Das Gebäude in Form eines riesigen Segels hat eine Hubschrauber-Landeplattform in 210 m Höhe, die auch als höchster Tennisplatz der Welt genutzt wird.

EINE INSEL ALS KUNSTPROJEKT

Die „Insel Nirgendwo" gibt es nicht mehr, aber eine Zeit lang war sie die jüngste Nation der Erde. Der Künstler Alex Hartley schuf sie aus Material, das er aus der Arktis mitbrachte. Während der Londoner Olympiade 2012 schipperte sie rund um die britische Küste. Über 23 000 Menschen wollten Bürger der Insel werden. Am Schluss bekam jeder von ihnen ein Stück der Insel zugeschickt.

SUPER-STADIEN

Viele moderne Sportstadien sind eindrucks-volle Hightech-Bauwerke – besonders solche, die für die Olympischen Spiele gebaut wurden.

Vorbild für das Stadion der Olympischen Winterspiele 2014 in Sotschi sind die berühmten Schmuckeier des russischen Juweliers Carl Fabergé.

OLYMPISCHES GOLD

Jede Olympiade braucht diverse Sportanlagen für all ihre Wettbewerbe, aber die tollste Konstruktion ist das Olympiastadion selbst. 2008 bekam das Olympiastadion in Peking (oben) wegen seiner Form den Spitznamen „Vogelnest". Die Organisatoren planten die Anlage nach traditionellen Feng-Shui-Regeln, die den Spielen Frieden und Harmonie bringen sollten.

Das Londoner Stadion bei der olympischen Eröffnungsfeier.

DIE OLYMPIADE WIRD GRÜN

Im neuen Jahrtausend versuchen die Organisatoren, die Olympischen Spiele umweltfreundlicher zu machen. Das Stadion der Londoner Olympiade 2012 wurde so geplant, dass es nach den Spielen teilweise wieder abgebaut und die Grünanlage rundum zum öffentlichen Park werden kann. Das olympische Dorf der Winterspiele 2010 in Vancouver wurde mit Energie aus Abwasser geheizt.

FRAUEN RAUS!

Die ersten Olympischen Spiele fanden um 776 v. Chr. in Griechenland statt, in einem Open-Air-Stadion mit dazugehörigen Tempeln. Rund 40 000 Zuschauer kamen, um die nackten Sportler zu sehen, aber verheiratete Frauen hatten keinen Zutritt. Ihnen drohte die Todesstrafe, wenn sie im Publikum erwischt wurden.

Das Schwarz-Weiß-Muster des Londoner Olympiastadions.

POWER-SITZE

Das schwarz-weiße Zickzackmuster der Sitzreihen im Londoner Olympiastadion sollte die Energie symbolisieren, die von der Laufbahn heraufkam. Neben jedem Sitz befand sich eine Leuchttafel, die durch einen Zentralrechner gesteuert wurde: So ließ sich eine spektakuläre Lightshow mit wechselnden Farbeffekten zaubern.

VISION 2016

Die Olympischen Spiele 2016 in Rio de Janeiro, Brasilien, sind so grün, dass diesmal das komplette Stadion recycelt ist: Man baut einfach ein vorhandenes Fußballstadion um. Der Olympiapark wird auf einer ehemaligen Formel-1-Rennstrecke gebaut, die in eine blitzblaue Lagune ragt.

HISTORISCHE FLAMME

Jedes Olympiastadion hat eine Riesenfackel. Sie wird durch eine Flamme entzündet, die Staffelläufer aus Griechenland, dem Geburtsland der Olympischen Spiele, mit extra designten Minifackeln bis ins Stadion tragen. Rechts siehst du eine der Londoner Minifackeln.

NEUSCHWANSTEIN:
IRRES SCHLOSS

Neuschwanstein in Bayern sieht wirklich aus wie ein Märchenschloss, aber der König, der es bauen ließ, war auch ganz schön durchgeknallt!

Noch bevor das Schloss fertig war, wurde Ludwig II. für verrückt erklärt und abgesetzt.

GAGA-KÖNIG?

Ludwig II. war von 1864 bis 1886 König von Bayern, aber er lebte in einer Fantasiewelt und malte sich aus, er sei ein sagenhafter Ritter des Mittelalters. Schloss Neuschwanstein ließ er sich als privaten Zufluchtsort bauen und wollte es so mittelalterlich wie möglich haben. Weil er niemanden sehen wollte, blieb er nachts auf und schlief tagsüber. Er war so durchgeknallt, dass er sich vorstellte, mit königlichen Gespenstern zu speisen. Sieben Wochen nach seinem Tod wurde sein Privatschloss für die Allgemeinheit geöffnet. Seitdem kamen ungefähr 60 Millionen Besucher. Das hätte Ludwig echt genervt!

Gaga oder nicht: Ist das nicht ein Traumschloss?

ZAHLEN & FAKTEN ZUM SCHLOSS NEUSCHWANSTEIN

- 17 Schnitzer arbeiteten 4½ Jahre lang an Ludwigs prunkvollem Holzbett.

- Du kannst das Schloss in dem alten Musical-Film „Tschitti Tschitti Bäng Bäng" sehen.

- Ludwig ließ zwischen seinem Wohn- und seinem Arbeitszimmer eine künstliche Grotte mit Wasserfall und Tropfsteinen einbauen.

- Über 200 Zimmer waren geplant, aber bei Ludwigs Tod waren erst 14 fertiggestellt.

MÄRCHENONKEL

Der französische Dichter Charles Perrault schrieb im 17. Jahrhundert einige weltberühmte Märchen, die du auf Deutsch von den Gebrüdern Grimm kennst. Schlösser und Wälder inspirierten ihn: Schloss Ussé etwa gab ihm die Idee zu seiner Fassung von „Dornröschen". Er schrieb auch „Rotkäppchen" und „Aschenputtel".

Idealer Märchenort: Schloss Ussé

SITZ DES SAGENKÖNIGS?

Manche halten das verfallene Tintagel Castle an der Küste von Cornwall, England, für die Burg des sagenhaften Königs Artus. Dabei weiß keiner, ob es Artus wirklich gab und wo er lebte. Die Burg jedenfalls wurde im 13. Jahrhundert von einem Adeligen gebaut, der wohl ein Fan der Artussage war.

WAHNSINN!

DU KANNST DIR KEIN EIGENES WOHNSCHLOSS LEISTEN? DANN VERSUCH DOCH STATTDESSEN MAL, DEN REKORD FÜR DIE HÖCHSTE SANDBURG DER WELT ZU BRECHEN! ER LIEGT IM AUGENBLICK BEI KNAPP 11,5 M HÖHE.

Ludwigs Thronsaal – ganz ohne Thron

WAS FEHLT HIER BLOSS?

König Ludwig schmückte sein Märchenschloss mit Bildern mittelalterlicher Sagen und gab ein Vermögen für die Einrichtung der Räume aus, zu denen ein prächtiger Thronsaal gehörte. Aber er verlor seinen Job als König, noch bevor der Thron aufgestellt war.

Herr der Luftschlösser: Walt Disney

DISNEY-DESIGN

Neuschwanstein und andere europäische Schlösser dienten dem berühmten Trickfilmproduzenten Walt Disney als Vorlage für sein Cinderella Castle.

BRÜCKENGIGANTEN

Ob schwindelerregend hoch oder atemberaubend lang: Es gibt einige echte Megabrücken!

335,89 M HOCH

NUR FÜR SCHWINDELFREIE

Die 2012 eröffnete Aizhai-Brücke in Hunan, China, ist eine der höchsten Hängebrücken der Welt. Sie führt in einer Höhe von 335,89 m über das Dehang-Tal. Die Fotos zeigen die mutigen Maler, die ihr den letzten Anstrich verpassen – einer davon ist sogar ohne Sicherheitsgurt unterwegs!

LANGE LICHTERKETTE

Die 1176 m lange Aizhai-Brücke wird nachts von fast 2000 Leuchten erhellt. Sie verbindet zwei Straßentunnel, die durch die Berge beiderseits des Tals führen.

TRAUST DU DICH?

Für schwindelfreie Fußgänger gibt es einen eigenen Fußweg unterhalb der Fahrbahn der Aizhai-Brücke (siehe rechts). Von dort hast du eine atemberaubende Aussicht auf die wilde, bewaldete Schlucht in der Tiefe.

NICHTS FÜR BASTLER

Alte Brücken müssen ständig gestrichen und instand gehalten werden, damit sie nicht rosten. Moderne Brücken bestehen aus viel pflegeleichteren Materialien.

164,8 KM LANG

OOH!

343 M HOCH

DIE REKORDHALTERIN

Die Danyang-Kunshan-Brücke ist die längste Brücke der Welt. Es handelt sich um eine chinesische Eisenbahn-Hochtrasse auf der Strecke von Peking nach Schanghai über unglaubliche 164,8 km. Ihr Bau dauerte vier Jahre und verschlang 8,5 Milliarden US-Dollar.

AUCH GANZ SCHÖN HOCH

Mit 343 m Höhe ist der Viaduc de Millau in Frankreich der höchste Viadukt (von Pfeilern getragene Brücke) der Welt. Über ihn führt die Autobahn von Paris nach Montpellier.

Weblink

Mit der Webcam des Viaduc de Millau kannst du in schwindelerregende Tiefen blicken: www.leviaducdemillau.com

TAUTONA: REKORDTIEF

BUMM!

Um Gold zu fördern, muss man tief in der Erde nach Felsgestein buddeln, das Gold enthält, und es aus dem Boden sprengen. Das ist einer der gefährlichsten Jobs der Welt, und die TauTona-Goldmine bei Johannesburg in Südafrika ist das tiefste Bergwerk der Welt.

DA WACKELN DIE WÄNDE

Erdbeben sind in den tiefen Schächten der TauTona-Mine eine große Gefahr. Die Mine ist mit zahlreichen Messstationen bestückt, um die Arbeiter frühzeitig zu warnen, sobald die Erde bebt.

DA FLIEGEN DIE FETZEN

Die Tunnelwände der Mine können durch Spannungen im Gestein urplötzlich explodieren. Um das zu verhindern, werden sie mit einer Mischung aus Beton und Stahlfasern eingesprüht, die man Spritzbeton nennt.

HÖLLENHITZE

Tief unter der Erdoberfläche ist es unheimlich heiß. Ohne Kühlsysteme könnte sich die TauTona-Mine auf tödliche 55 °C aufheizen. Deshalb wird Eismatsch in die Tiefe gepumpt, um die Lufttemperatur auf etwa 28 °C zu halten. Gleichzeitig leiten riesige Ventilatoren Luft von der Oberfläche durch Lüftungsschächte in die tiefen Tunnel.

INTERESSANTES AUS DER TIEFE

Zahlen & Fakten zur TauTona-Mine

- Der tiefste Schacht reicht 3,9 km unter die Erdoberfläche.
- Die Tunnel der Mine sind insgesamt rund 800 km lang.
- Der Name TauTona bedeutet „großer Löwe" in der Setswana-Sprache.
- Der Weg von der Oberfläche zu den Abbaustellen dauert etwa 1 Stunde.

GOLDGRABEN IST SCHWERSTARBEIT

Das Gestein wird mit Pressluft-hämmern oder schweren Bohrge-räten aus den Tunnelwänden gelöst. Dann wird es an die Oberfläche gebracht und zu Staub zermahlen, um das Gold herauszulösen. Gold wird in Unzen gehandelt. In TauTona enthält eine Tonne Gestein ungefähr 9 g Gold (das sind 0,35 Unzen). Es kostet etwa 550 US-Dollar, eine Unze Gold aus der TauTona-Mine zu gewinnen, die man dann für rund 1300 US-Dollar verkaufen kann.

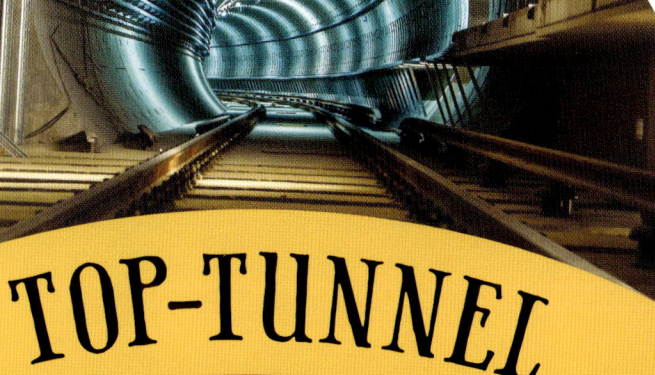

TOP-TUNNEL

Auch Straßen- und Eisenbahntunnel werden in den Fels gesprengt. Diese drei gehören zu den längsten.

Längster Straßentunnel: Lærdalstunnel, Norwegen: 24,5 km. Die Durchfahrt dauert etwa 20 Minuten.

Längster Unterwasser-Tunnel: Seikan-Tunnel, Japan: 53,85 km – ein Eisenbahntunnel.

Längster Tunnel in Europa: Gotthard-Basistunnel, Schweiz: 57 km – ein Eisenbahntunnel.

ES GEHT AUCH EINFACHER

Im 19. Jahrhundert gab es in Kalifornien, USA, einen „Goldrausch": Viele Tausend Menschen strömten dorthin, um nach wertvollen Goldnuggets zu suchen. Sie versuchten, als Goldwäscher kleine Goldstückchen aus dem Sand und Kies der Flussbetten herauszusieben. In manchen kalifornischen Nationalparks und an anderen Gold-fundstellen der Welt kannst du dich immer noch als Goldwäscher versuchen. Viel Glück bei der Goldsuche!

Goldwäscher-Ausrüstung

GISEH: RÄTSEL DER PYRAMIDEN

Jahrtausendelang war die Große Pyramide von Giseh das höchste Bauwerk der Welt. Dabei wurde sie nur für einen einzigen Mann gebaut – als Grab für den ägyptischen Pharao Cheops, der um 2500 v. Chr. starb. Aber etwas ist seltsam: Drinnen gibt es Grabkammern, Gänge und Luftschächte, nur einen Leichnam hat noch keiner gefunden …

Pyramide des Mykerinos, Cheops' Enkel

2,3 MILLIONEN STEINE!

Die Cheops-Pyramide wurde aus über 2,3 Millionen Steinblöcken gebaut. Das dauerte rund 20 Jahre.

Die alten Ägypter begruben oft Tiermumien von Schlangen, Katzen, Hunden, Krokodilen oder Falken, aber nicht mit den Menschen, in der Großen Pyramide.

sSSs!

INSIDERWISSEN

- Es gibt in Giseh drei große Pyramiden (unten abgebildet) und weitere Gräber sowie Bootsgruben, in denen Holzboote zur Benutzung im Jenseits eingegraben wurden.

- Im 19. Jahrhundert fand man einen Mumiensarg in der kleinsten Pyramide und schickte ihn per Schiff nach England, aber das Schiff sank.

- Nach einem altägyptischen Mythos ließ sich Pharao Cheops beim Pyramidenbau von dem Magier Djedi beraten.

- Es gibt drei Kammern in der Cheops-Pyramide: die Königskammer, die Königinnenkammer und eine unvollendete Geheimkammer.

- Vor der Großen Pyramide wacht die Sphinx-Statue. Sie stellt Cheops in Löwengestalt mit Menschenkopf dar.

- Die Nase der Sphinx ist abgebrochen. Jahrelang dachte man, das wären Napoleons Soldaten im 18. Jahrhundert gewesen, aber die Nase war schon lange vorher ab.

- Keiner weiß, wo Cheops wirklich begraben ist. Vielleicht liegt er noch in einem geheimen Winkel der Pyramide.

- Möglicherweise sollte die Pyramide die Sonnenstrahlen verkörpern, die vom Himmel herabscheinen.

Die Sphinx

WO IST CHEOPS HIN?

Einige Schächte in der Großen Pyramide sind auf wichtige Sterne ausgerichtet. Vielleicht glaubten die Erbauer, dass Cheops' Seele durch diese Schächte zum Himmel aufsteigen würde. In der Hauptkammer befindet sich ein großes Steingrab, aber keiner weiß, warum es in der Pyramide keinen Leichnam und keinen Schatz gibt. Andere ägyptische Gräber sind vollgepackt mit Grabbeigaben, die die Toten mit ins Jenseits nehmen sollten.

Pyramide des Chephren, Cheops' Sohn

Große Cheops-Pyramide

MAGISCHE TUNNEL?

Mehrere enge Tunnel in der Großen Pyramide sind durch Steinmauern versperrt. Sie sollen durch einen schlangenförmigen Roboter mit einer kleinen Kamera erforscht werden. Vielleicht führen sie auch nirgendwohin, sondern sollten dem Pharao nach dem Tod als magische Wege dienen.

Skarabäus-Amulette (Glücksbringer in Form eines Pillendreher-Käfers) waren den Ägyptern heilig. Sie wurden den Mumien aufs Herz gelegt – aber nicht in der Großen Pyramide.

02

Das Beste vom Besten, der höchste Genuss, das Leckerste, das Teuerste und die verrücktesten Vergnügen der Welt – einfach die absoluten . . .

LUXUSWELTEN

Hydropolis Hotel, Dubai, Seite 33

COOLES EISHOTEL

Tapetenwechsel gefällig? Im Eishotel in Jukkasjärvi, Schweden, kannst du dich in ein Bett aus Eisblöcken legen. Oder möchtest du doch lieber unter Wasser oder in einem Baumhaus schlafen?

WARMER EMPFANG, KALTE BETTEN

Das Eishotel schmilzt jedes Frühjahr und wird jeden Winter in neuer Form wieder aufgebaut. Es hat Eiszimmer (siehe rechts), eine Eisbar und sogar eine Eiskapelle. Alle Möbel sind aus Eis – nur die Toiletten nicht.

GÄSTE DES EISHOTELS MÜSSEN SICH WARM ANZIEHEN: DIE TEMPERATUR IN DEN ZIMMERN BETRÄGT GERADE EINMAL EISIG KALTE -5 °C.

Die Gläser in der Eisbar des Hotels sind aus Eis geschnitzt. Die Gäste müssen sie mit Handschuhen anfassen.

KURZLEBIGE KONSTRUKTION

Das Hotel wird aus Eis gebaut, das aus dem zugefrorenen Fluss Torne stammt. Die Blöcke werden durch eine aufgespritzte Mischung aus Schnee und Eis zusammengehalten.

BEI DEN FISCHEN SCHLAFEN

Wenn du nicht heiß auf Eis bist, wie wäre es mit diesem Unterwasserhotel, das vor der Küste von Dubai geplant ist? Hydropolis soll über dem Wasser schweben und durch Säulen mit Hotelzimmern in 10 m Wassertiefe verbunden sein.

In der Eiskapelle des schwedischen Eishotels kann man sogar heiraten.

KLIRRENDE KUNST

Künstler dekorieren das Eishotel mit toller Eiskunst: Skulpturen in Form von Kronleuchtern, Hunden und Eisbären oder sogar einem Goldfischglas aus Eis mit Eisfischen drin.

Ein Zimmer im Eishotel mit Schneeflocken-Deko.

BAUMHÄUSER DER LUXUSKLASSE

Noch ein abgedrehtes Hotel in Schweden: das Treehotel (Baumhotel). Es besteht aus Designer-Baumhäusern, die sich im tiefen Wald verstecken. Es gibt ein Blockhütten-Baumhaus, ein Baumhaus, das an ein riesiges Vogelnest erinnert, und eins, das wie ein UFO aussieht (links).

HÖHLEN VON KAPPADOKIEN

Die Region Kappadokien in der Türkei hat mehr versteckte Geheimwohnungen als jede andere Gegend der Welt. Ganze Höhlenstädte kannst du dort besuchen, aber es gibt noch andere ausgefallene Adressen zu entdecken.

FLEISSIGE BUDDLER

Schon vor rund 2000 Jahren gruben die Einheimischen Höhlenwohnungen in das weiche Gestein von Kappadokien, um sich vor Angreifern zu verstecken.

LEBEN IM UNTERGRUND

Die Höhlenwohnungen wurden durch unterirdische Gänge verbunden, die als schmale Straßen dienten. Die Höhlendörfer erstreckten sich teils über acht Stockwerke. Außerdem wurden über tausend Kirchen in den Fels gemeißelt.

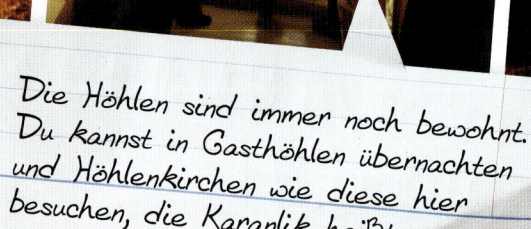

Die Höhlen sind immer noch bewohnt. Du kannst in Gasthöhlen übernachten und Höhlenkirchen wie diese hier besuchen, die Karanlik heißt.

KEINE CHANCE FÜR EINBRECHER

Die Höhlenbewohner bauten clevere Sicherungen ein, um sich vor unerwünschtem Besuch zu schützen. Sie konnten Felsblöcke vor die Eingänge rollen oder Speere durch Löcher in den Decken der Zugangstunnel schleudern.

NATURTALENT

Auch der spanische Architekt Antoni Gaudí nutzte die Natur zum Wohnungsbau, aber anders als die Höhlenbauer: Er ahmte die Natur mit gewelltem Stein und schnörkeligem Eisen nach. Einige seiner Bauten aus dem 19. Jahrhundert kannst du in Barcelona, Spanien, sehen.

Gaudí ließ sich beim Bau der Casa Batlló (links) durch die Farben und Formen der Korallen anregen.

Bunter Kamin auf einem Gaudí-Haus

KRASSE KONSTRUKTION

Du bleibst lieber über der Erde? Noch eine spannende Adresse: Seit 2012 kannst du in Österreich ein Haus besichtigen, das auf dem Kopf steht, mit „umgekippten" Zimmern und sogar einem umgedrehten Auto in der Garage.

Zimmer in einer türkischen Höhle

BUCKINGHAM-PALAST:

KÖNIGLICH WOHNEN

Egal, wie geräumig dein Zuhause ist, mit dem Londoner Buckingham-Palast der britischen Königsfamilie kann es wohl kaum mithalten. Die meisten Räume sind für Besucher gesperrt, aber hier bekommst du spannende Einblicke.

SIE IST DA

Wenn die Queen im Palast ist, flattert die königliche Flagge über dem Eingang. Die Königin und Prinz Philip haben ihre Privaträume im Nordflügel. Jeden Morgen um 9 Uhr bekommt sie ein Dudelsack-Ständchen unter ihrem Fenster.

PALASTFAKTEN

- 19 Prunksäle
- 240 Schlafzimmer
- 78 Badezimmer
- 92 Büros
- Über 40 000 Glühbirnen
- 760 Fenster (die alle sechs Wochen geputzt werden)
- Über 20 000 Kunstwerke
- Bauzeit: ab 1825
- Die Königin hat ein eigenes Postamt und ein Privatkino.
- Garten mit Hubschrauberlandeplatz, eigenem See und Tennisplatz

Im Musikzimmer werden die königlichen Babys getauft.

In der Gemäldegalerie hängt große Kunst, zum Beispiel von Leonardo da Vinci und Rembrandt.

Die Prunktreppe

BESUCHER HIER LANG!

Die für Besucher geöffneten Prunksäle liegen im Westflügel. Hier wird bei Staatsbanketten von goldenen Tellern gegessen. Die Queen lädt pro Jahr über 50 000 Gäste zu Abendessen, Empfängen und Gartenfesten ein.

EINBLICKE!

West-flügel

Privat-eingang der Königin

Hier geht's zum Garten

Botschafter-eingang

Vordereingang an der Straße The Mall

Privater Swimmingpool

WAHNSINN!

DIE QUEEN HAT IHRE EIGENEN STALLUNGEN, IN DENEN AUCH IHRE KUTSCHEN PARKEN. EINE DAVON IST DIE GOLDENE KUTSCHE (RECHTS), DIE VON ACHT PFERDEN GEZOGEN WIRD.

VOLLES HAUS

Im Palast arbeiten rund 450 Leute: Küchenpersonal, Reinigungspersonal, Gärtner, die persönliche Dienerschaft der Queen und so weiter. Zwei Angestellte kümmern sich nur um die über 350 Uhren.

Der Thronsaal

WOW!

HABT ACHT!

Draußen vor dem Palast wachen Soldaten in roten Uniformjacken und hohen Bärenfell-mützen und berittene Wachposten. Der tägliche Schichtwechsel der Palastwachen findet während einer Zeremonie statt, die man *Wachablösung* nennt. Jeden Morgen wird der Kiesbelag auf dem Palastvorplatz mit Maschinen gereinigt und säuberlich geharkt.

Haupt-eingang

Weblink
Noch mehr Residenzen der britischen Königsfamilie: www.planet-wissen.de/laender_leute/grossbritannien/koenigshaus/residenzen.jsp

COOL VERRÜCKTE WELTWUNDER

37

KAUFRAUSCH IN DUBAI

Im Einkaufszentrum Dubai Mall und in anderen Shopping-Paradiesen der Welt warten spannende Überraschungen auf dich.

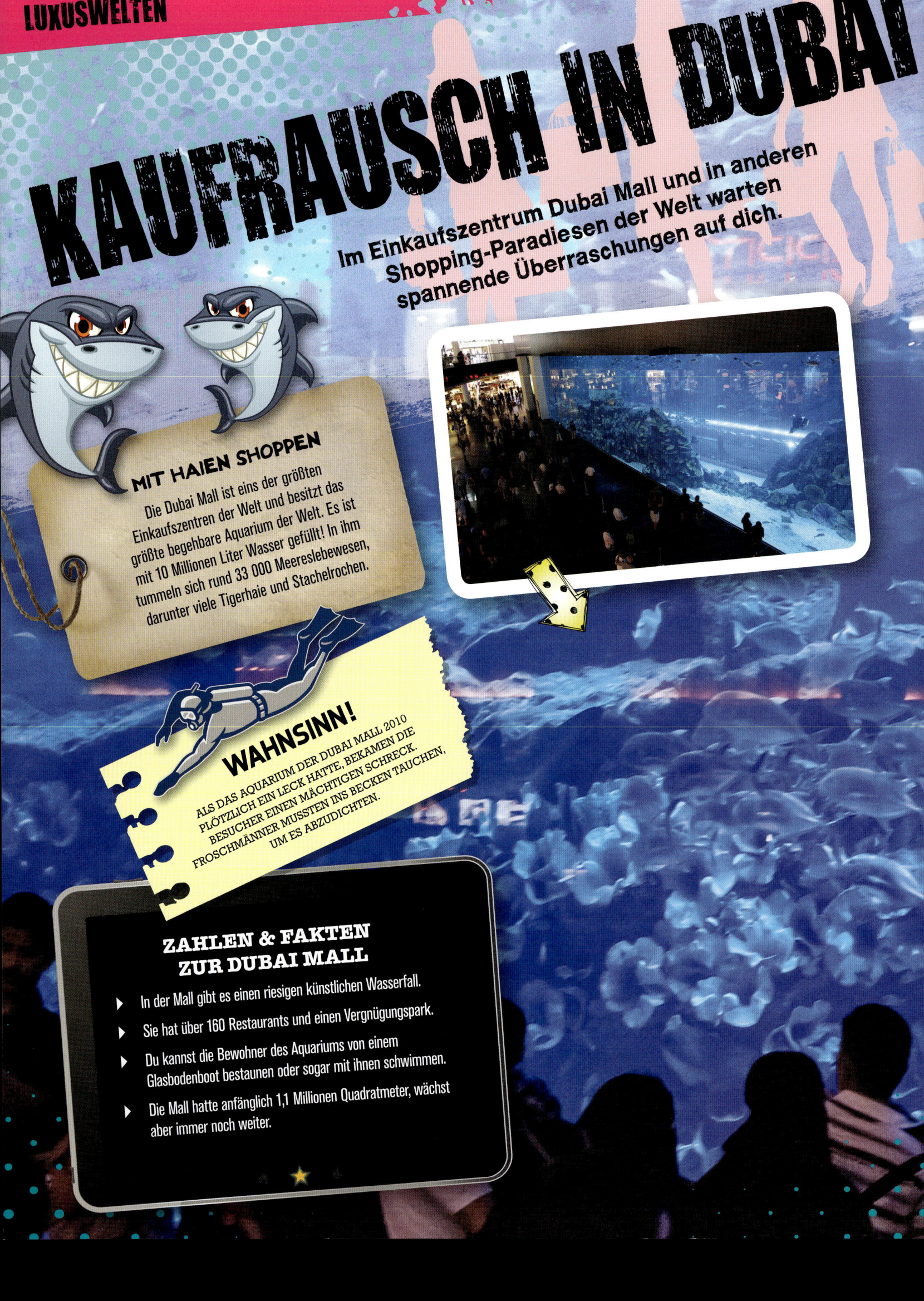

MIT HAIEN SHOPPEN

Die Dubai Mall ist eins der größten Einkaufszentren der Welt und besitzt das größte begehbare Aquarium der Welt. Es ist mit 10 Millionen Liter Wasser gefüllt! In ihm tummeln sich rund 33 000 Meereslebewesen, darunter viele Tigerhaie und Stachelrochen.

WAHNSINN!

ALS DAS AQUARIUM DER DUBAI MALL 2010 PLÖTZLICH EIN LECK HATTE, BEKAMEN DIE BESUCHER EINEN MÄCHTIGEN SCHRECK. FROSCHMÄNNER MUSSTEN INS BECKEN TAUCHEN, UM ES ABZUDICHTEN.

ZAHLEN & FAKTEN ZUR DUBAI MALL

▸ In der Mall gibt es einen riesigen künstlichen Wasserfall.

▸ Sie hat über 160 Restaurants und einen Vergnügungspark.

▸ Du kannst die Bewohner des Aquariums von einem Glasbodenboot bestaunen oder sogar mit ihnen schwimmen.

▸ Die Mall hatte anfänglich 1,1 Millionen Quadratmeter, wächst aber immer noch weiter.

In der West Edmonton Mall kannst du sogar U-Boot fahren.

SHOPPEN UND SCHWIMMEN

Noch mehr Wasserwunder gibt es in der West Edmonton Mall in Kanada, dem größten Einkaufszentrum Nordamerikas. Hier warten nicht nur 800 Läden, eine Eisbahn und eine Minigolfbahn, die im Dunkeln leuchtet, auf dich, sondern auch eins der größten Spaßbäder und der höchste Indoor-Bungee-Jumping-Turm der Welt.

WINTER-WUNDERLAND

Zur riesigen Mall of the Emirates in Dubai gehört auch Ski Dubai – die erste Skihalle im Nahen Osten. Sie hat fünf Skihänge, eine Profipiste, Rodelstrecken, Eishöhlen, eine Eisrutsche, Riesenschneebälle und beherbergt eine Schar Pinguine, die jeden Tag zum Spielen rauskommt.

SPITZEN-SHOPPING

Das Khan Shatyr Shopping Center in Astana, Kasachstan, ist im größten Zelt der Welt untergebracht.

Das meistbesuchte Einkaufszentrum der Welt ist die Mall of America in Minnesota, USA, mit rund 42 Millionen Besuchern pro Jahr.

Die New South China Mall in Dongguan, China, ist das größte Einkaufszentrum der Welt. Von ihren 2350 Läden stehen aber viele leer.

In der Villagio Mall in Doha, Katar, wölbt sich ein täuschend echt gemalter Himmel über den Besuchern.

Eine kleine Weltreise zu einigen der kultigsten Einkaufzentren des Planeten.

GIGANTISCH

FAO Schwarz in New York ist der älteste Spielwarenladen der USA. Berühmt ist seine riesige begehbare Klaviertastatur (unten), die in dem Film „Big" vorkam. Hier gibt es auch Luxusspielzeug wie eine edelsteinbesetzte Zaubertafel für 1500 US-Dollar und einen Kickertisch für 25 000 US-Dollar.

Deyrolle: IRRSTER SHOP DER WELT

Falls auf deiner Wunschliste noch ein ausgestopftes Tier steht, wirst du in diesem wunderlichsten aller Läden sicher fündig.

OOH!

VOLL GESTOPFT

Seit 1831 ist Deyrolle in Paris die Adresse für alle, die sich ein ausgestopftes Tier anschaffen wollen oder sich ihr totes Kuscheltier lebensecht wieder aufs Sofa setzen wollen. Der Laden verkauft ausgestopfte Lebewesen aller Art, bis hin zu Tieren in Menschenklamotten.

DU KANNST BEI DEYROLLE AUCH AUSGESTOPFTE TIERE FÜR PARTYS MIETEN!

Schnäppchen vom Hexenmarkt

GLÜCK IST KÄUFLICH

Tiere bekommst du auch auf dem Hexenmarkt von La Paz, Bolivien, wo die Einheimischen ihre Glücksbringer kaufen. Viele Bolivianer glauben, dass es Glück bringt, ein getrocknetes Babylama (links) unter ihrem Haus zu begraben. Ein getrockneter Frosch soll Geld bringen und ein Gürteltier vor Einbrechern schützen.

HINTER DEN KULISSEN VON DEYROLLE

- Deyrolle stopft dir jedes Tier aus, Menschen können sich nach ihrem Tod aber nicht ausstopfen lassen.
- Die meisten Kunden kaufen bei Deyrolle Steine, Fossilien und präparierte Insekten und nicht solche Riesentiere wie Löwen oder Eisbären.

MARKT DER MAGIE

Der Voodoo-Markt von Lomé in Togo, Afrika, verspricht noch gruseligere Shopping-Erlebnisse. Hier decken die Medizinmänner ihren Voodoo-Bedarf. Magische Fetischfiguren stapeln sich zwischen diversen Tierknochen und -körperteilen.

Bei Deyrolle gibt es viele herrenlose Katzen und Hunde, die von ihren Besitzern zum Ausstopfen gebracht, aber nie wieder abgeholt wurden.

ROBOTER-RESTAURANT

Das Roboter-Restaurant in China ist ein köstlich schräges Esserlebnis.

MASCHINELLES MENÜ

Im Roboter-Restaurant in Harbin kochen und servieren 20 Roboter das Essen. An der Tür begrüßt der Empfangsroboter die Gäste mit den Worten „Hallo Erdmensch".

WAHNSINN!

DIE ROBOTER IN HARBIN KOSTEN ETWA 40 000 US-DOLLAR PRO STÜCK UND KÖNNEN ZEHN VERSCHIEDENE GESICHTSAUSDRÜCKE IMITIEREN.

STROM-SPEISUNG

Die Roboter kochen Teigtaschen und Nudeln und fahren zum Servieren auf Leitspuren rund um die Tische. Nach fünf Stunden Arbeit müssen sie zwei Stunden an die Steckdose.

Im Restaurant Pay as You Please (Zahl, was du magst) in Irland zahlt jeder Gast nur so viel, wie ihm die Mahlzeit wert ist.

In Kuscheltier-Cafés in Japan können Gäste niedliche Tiere wie Katzen und Kaninchen knuddeln.

Im Japan-Grillhaus in Österreich müssen die Gäste eine Strafe zahlen, wenn sie den Teller nicht leer essen.

Das Al Johnson Swedish Restaurant in Sister Bay, USA, lässt Ziegen auf seinem Grasdach woiden.

Gäste des Isdaan auf den Philippinen dürfen ihrem angestauten Ärger Luft machen und herumbrüllen und Tassen, Teller und sogar Fernseher gegen eine Wand werfen.

Im Ka-Tron Flying Chicken (Fliegendes Hühnchen) in Thailand werden Grillhähnchen angezündet, durch die Luft katapultiert und von Kellnern auf Einrädern aufgefangen.

SCHLUCK DAS!

Noch ein paar abgedrehte Lokale für abenteuerlustige Leckermäuler, die sich einmal rund um die Welt essen wollen.

IM DUNKELN TAPPEN

In diversen Städten der Welt gibt es Dunkelrestaurants, in denen du in völliger Finsternis speist. So kannst du dich ganz auf den Geschmack des Essens konzentrieren.

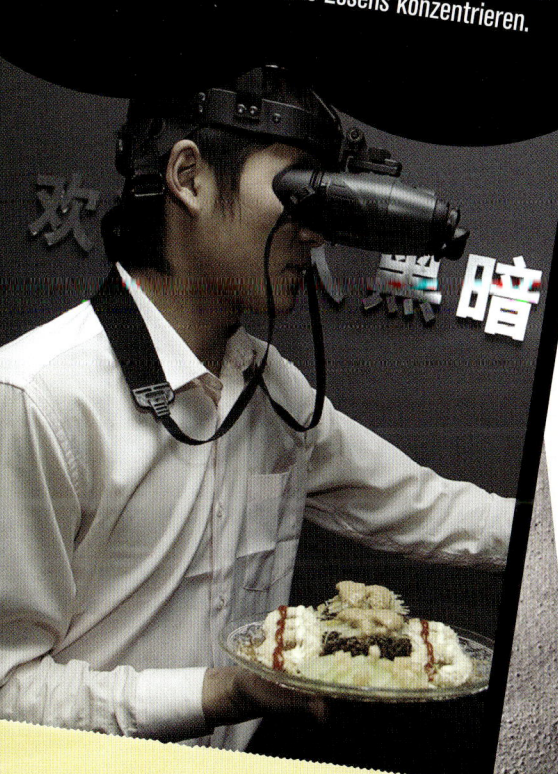

Die Kellner im Dunkelrestaurant in Peking, China, tragen Nachtsichtgeräte.

„Dinner in the Sky" *über Berlin und Beirut.*

EIN HIMMLISCHER GENUSS

Das „Dinner in the Sky" ist ein Angebot für alle, die es sich leisten können, einen 22-Personen-Esstisch samt Koch, Kellner und Alleinunterhalter per Kran 50 m in die Luft hieven zu lassen. Die Gäste werden angeschnallt und sollten etwaige „Geschäfte" vorab erledigen, denn eine Toilette gibt es da oben nicht.

Im Küchenlabor

Fang schon mal an, für einen Besuch in einem dieser Superluxus-Restaurants zu sparen – aber nur, wenn du gern neue Sachen probierst ... TOTAL neue Sachen!

HORCHEN, SCHNUPPERN, SCHMECKEN

Der britische Starkoch Heston Blumenthal erforscht neuartige Genüsse. Dabei geht es ihm um viel mehr als nur den Geschmack. Er experimentiert zum Beispiel damit, dass ein Gericht knuspriger klingt. Wenn die Gäste seines Restaurants Fat Duck das Gericht „Meeresklang" (unten) bestellen, hören sie Meeresgeräusche von einem im Schneckenhaus versteckten iPod, während sie Fisch- und Algensorten, Meeresgeleebonbons und essbaren „Sand" verspeisen.

Zu Heston Blumenthals berühmtesten Rezepten gehören Schnecken-Haferbrei und Eier-Speck-Eiscreme (oben).

Die Küche des elBulli verwandelte gegrilltes Gemüse in knallbunte Geleehäppchen.

Ravioli mal anders: leckere Gelkügelchen aus dem Küchenlabor.

SENSATION AUS SPANIEN

Das elBulli in Roses in Katalonien, Spanien, hat jede Menge Michelin-Sterne eingeheimst. Die werden jedes Jahr an die besten Restaurants verliehen. Sein Chefkoch Ferran Adrià wurde als einer der besten Köche der Welt berühmt. Er erfand so irre Sachen wie gefrorene Käseballons, Parmesanschaum mit Müsli, Rote-Bete-Joghurt-Baiser und ein Luft-Baguette. Ferran Adrià hat viele Köche in aller Welt beeinflusst. Jetzt will er kein Restaurant mehr führen, sondern hat eine „Denkfabrik" gegründet, um ganz neue Aromen für die Köche rund um den Globus zu erfinden.

JÄGER UND SAMMLER

Für viele ist derzeit das Noma in Kopenhagen, Dänemark, das beste Restaurant der Welt. Sein Küchenchef René Redzepi kocht gern mit Zutaten, die er in der Natur sammelt. Er serviert zum Beispiel einen Blumentopf mit Gemüse und Blumen in „essbarer Erde", Seeigel auf Toast, Kiefernsauce und lebende rote Ameisen mit Crème fraîche (schmecken angeblich wie Zitronengras).

Ein hübsch angerichtetes Noma-Rezept, das viele unterschiedliche Aromen kombiniert.

KÜCHEN-EXPERIMENTE

Den Kochstil von Köchen wie Heston Blumenthal und Ferran Adrià nennt man Molekularküche oder -gastronomie. Sie nutzen wissenschaftliche Methoden, um Leckereien mit neuen Aromen, Farben und Formen zu erfinden. Sie experimentieren im Labor, um neue Gerichte zu erschaffen. Dabei können duftende Schäume, schmackhafte Pulver und Kapseln mit Aromagel herauskommen. Die Gäste sollen nicht nur gut essen, sondern auch ihren Spaß haben. Das klingt oft verrückt, schmeckt aber wunderbar.

Süßigkeitenparadiese

Chutters in den USA ist das ultimative Schlaraffenland für Schleckermäuler, aber es gibt noch viele andere Traumziele für die Freunde von Bonbons und Eiscreme. Hau rein!

CHUTTERS, USA

Der Chutters Candy Store in New Hampshire hat die längste Bonbontheke der Welt (siehe unten): Seine Reihen bunter Bonbongläser erstrecken sich über unglaubliche 34 m.

MMH!

BONBONS FÜR JEDEN GESCHMACK

Auf der dreistöckigen Bonbontheke haben rund 800 Bonbongläser Platz. Manche enthalten altmodische Bonbons wie aus Großmamas Zeiten, andere ausgefallene Geschmacksrichtungen oder zahnfreundliche zuckerfreie Sorten.

M&M'S WORLD, USA

Der todschicke Laden in Las Vegas hat sogar noch mehr Süßkram als Chutters: geschlagene vier Etagen voller M&M-Süßigkeiten (Bild links).

CANDYLICIOUS, DUBAI

Der gigantische Candylicious-Shop in Dubai ist der größte Süßigkeitenladen der Welt: Er verkauft auf 1000 Quadratmetern zuckrige Leckereien und hat sogar einen riesigen Lutscherbaum.

DYLAN'S CANDY BAR, USA

Der schicke Laden in New York nennt sich selbst „Designer-Bonbon-Boutique" und führt rund 7000 Süßigkeiten aus aller Welt.

ICE CREAM CITY, JAPAN

In dem Eiscremepark in Tokio bekommst du Hunderte von teils schon echt seltsamen Geschmacksrichtungen. Appetit auf Eis, das nach Sojahühnchen, Orchideenwurzel oder Aal schmeckt? Du hast richtig gelesen: Aal!

PAPABUBBLE

In den Papabubble-Läden in aller Welt kannst du zusehen, wie Süßigkeiten von Hand gemacht werden. Eine Spezialität sind Zuckerstangen in Zahnbürstenform (sag's aber nicht deinem Zahnarzt!).

PAPABUBBLE
caramels artesans

JELLY BELLY UNIVERSITY, USA

In Fairfield, Kalifornien, kannst du in einem Tageskurs an der Jelly Belly University der Jelly Belly Candy Company lernen, wie man köstliche Geleebohnen herstellt. Du bekommst sogar ein Diplom in „Bohnologie".

SAMPLE BAR

HERSHEYPARK, USA

Im Städtchen Hershey in Pennsylvania ist die Hershey Chocolate Company zu Hause. Dort gibt es einen ganzen Freizeitpark zum Thema „Schokolade" und sogar Wellness-Behandlungen mit Schokolade.

COOL VERRÜCKTE WELTWUNDER

03

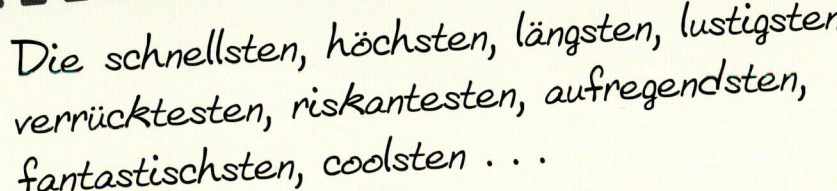

Die schnellsten, höchsten, längsten, lustigsten, verrücktesten, riskantesten, aufregendsten, fantastischsten, coolsten . . .

NERVENKITZEL UND ABENTEUER

Die tollsten Achterbahnen, Seite 52

COOL VERRÜCKTE WELTWUNDER

KULTIGE KLÖTZE

Wie wär's mit einer rasanten Rundreise durch die tollsten Vergnügungsparks des Planeten? Erste Station ist eine Miniaturwelt aus Millionen kleiner Bauklötze.

MILLIONEN MINIKLÖTZE

LEGOLAND® in Billund, Dänemark, liegt gleich neben der Fabrik, die die LEGO®-Steine herstellt. Außer Achterbahnen und vielen anderen Attraktionen gehört zum Park das beliebte „Miniland" mit Nachbauten berühmter Gebäude aus über 25 Millionen LEGO-Steinen. Rechts siehst du einen Teil der englischen Hauptstadt London. Inzwischen gibt es mehrere LEGOLAND-Parks; einer davon ist in Bayern.

Als Modellbauer für LEGOLAND zu arbeiten, muss einer der coolsten Jobs der Welt sein. Die Modelle werden zuerst am Computer geplant und dann gebaut.

SPITZE!

Der „Golden Ticket Award" ist der Oscar für die Vergnügungsparks der Welt. Seit 15 Jahren gewinnt in der Kategorie „Bester Vergnügungspark" regelmäßig Cedar Point in Ohio, USA. Der Park mit 72 Fahrgeschäften nennt sich „Achterbahn-Hauptstadt der Welt".

Der Wicked Twister im Cedar-Point-Park.

WAHNSINN!

EIN BESONDERS EINGEFLEISCHTER FAN DES LEGOLANDS WINDSOR IN ENGLAND LIESS SOGAR SEINEN EIGENEN NAMEN OFFIZIELL IN „LEGOLAND WINDSOR" ÄNDERN.

ZAHLEN & FAKTEN ZU LEGO

- LEGO kommt von den dänischen Worten für „spiel gut".
- Im Billund-Park sind über 58 Millionen LEGO-Steine verbaut.
- Ein Turm aus 40 000 Millionen LEGO-Steinen würde bis zum Mond reichen.

Dieser riesige Hai beißt nicht, weil er aus LEGO-Steinen besteht.

DAS ORIGINAL: DISNEYLAND

Der wohl berühmteste Vergnügungspark der Welt ist das Disneyland, das 1955 in Kalifornien eröffnet wurde. Einige seiner Attraktionen schafften es sogar ins Kino: Die Hollywood-Filme „Fluch der Karibik", „Die Geistervilla", „Im Jenseits sind noch Zimmer frei" und „Mission to Mars" basierten allesamt auf Fahrgeschäften der Disney-Parks.

Disneylands gibt es inzwischen in aller Welt.

„Fluch der Karibik"

Dollywood, Tennessee, USA: Die Countrysängerin Dolly Parton besitzt ihren eigenen Themenpark mit interaktivem Museum.

Suoi-Tien-Vergnügungs-park, Vietnam: Ein Spaßbad, das die buddhistische Vorstellung vom Himmel vermitteln soll.

IRRER SPASS

World Chocolate Wonder-land, Peking, China: Mit dem weltgrößten Schokoladen-Nachbau der Chinesischen Mauer.

Crocosaurus Cove, Darwin, Australien: In diesem Kroko-Park kannst du den Krokodilen im sogenannten „Käfig des Todes" ganz nah auf die Pelle rücken.

Noch mehr Themenparks der besonderen Art:

COOL VERRÜCKTE WELTWUNDER

ACHTERBAHN-CHECK

Viele Freizeitparks behaupten von sich, die größte Achterbahn der Welt zu haben. Aber wo steht denn nun wirklich die aufregendste?

KINGDA KA

Die Kingda-Ka-Achterbahn in Six Flags Great Adventure, New Jersey, USA, ist mit 139 m die höchste Achterbahn der Welt. Sie braucht nur 3,5 Sekunden, um dich auf atemberaubende 206 km/h zu beschleunigen!

ZAHLEN & FAKTEN ZU KINGDA KA

▸ Die „Dschungelbahn" ist nach einem sagenhaften Tiger benannt. Früher wohnte ein echter Königstiger in einem Gehege neben der Achterbahn.

▸ Die Züge fahren den 139 m hohen Hauptturm hoch und dann in einer Spirale senkrecht nach unten.

▸ Wer kleiner als 1,40 m ist, darf nicht mit Kingda Ka fahren. Als Trost kann man die Fahrt auf YouTube miterleben.

FORMULA ROSSA

Formula Rossa, in der Ferrari World, Vereinigte Arabische Emirate, ist mit einer Spitzengeschwindigkeit von über 240 km/h die schnellste Achterbahn der Welt. Sie ist so schnell, dass die Passagiere Sicherheitsbrillen tragen müssen, um ihre Augen zu schützen.

TAKABISHA

Die Takabisha-Bahn im Freizeitpark Fuji-Q Highland in Yamanashi, Japan, ist die steilste Achterbahn der Welt. Die Wagen fahren erst 43 m in die Höhe und schießen dann mit einem Gefälle von 121 Grad in die Tiefe.

SUPERMAN: ESCAPE FROM KRYPTON

Auf dieser Bahn im Six Flags Magic Mountain, Kalifornien, USA, schießt du mit 161 km/h rückwärts, dann 126 m nach oben und plumpst danach wieder runter!

STEEL DRAGON 2000

Der „Stahldrachen" im Nagashima Spa Land, Japan, ist mit 2479 m die längste Achterbahn der Welt. Aber bei 153 km/h Spitzentempo dauert die Fahrt trotzdem nicht sehr lang.

TOWER OF TERROR II

Der „Turm des Schreckens II" im Dreamworld-Park an der australischen Gold Coast katapultiert dich mit gut 160 km/h in 114 m Höhe. Von da oben hättest du eine tolle Aussicht – wenn du nicht vor Schreck die Augen zukneifen würdest!

KJERAG, NORWEGEN: HÖHEN-FLÜGE

Du bist nicht schwindelfrei? Dann machst du vielleicht besser einen Bogen um dieses Traumziel von flugverrückten Abenteuersportlern.

GEFAHR VON OBEN

Wenn du am Kjerag in Rogaland, Norwegen, wandern gehst, musst du dich vor Menschen hüten, die plötzlich vom Himmel fallen! Die steilen Felswände dieses Plateaus sind sehr beliebt bei Base-Jumpern: Jährlich hüpfen hier Tausende von Extremsportlern mit Fallschirmen in den Abgrund.

BOAH!

ZAHLEN & FAKTEN ZUM KJERAG

- Base-Jumper stürzen sich vom Kjerag 984 m in die Tiefe.

- Pro Jahr springen ungefähr 3000 Leute vom Kjerag.

- Hoch oben zwischen zwei Felswänden des Kjerag ist ein gewaltiger Felsbrocken, der Kjeragbolten, eingeklemmt, auf den besonders Mutige gern draufklettern.

Base-Jumping ist eine extrem gefährliche Sportart. Leider gibt es immer wieder schlimme Unfälle.

WAHNSINN!

BASE-JUMPER SIND FALLSCHIRMSPRINGER, DIE SICH VON FESTEN OBJEKTEN WIE GEBÄUDEN, SENDEMASTEN, BRÜCKEN UND HOHEN FELSWÄNDEN IN SCHWINDELERREGENDE TIEFEN STÜRZEN.

EINE WAHNSINNSWAND

In die Tiefe zu springen, erfordert Mut, aber zum Klettern braucht man außerdem viel Kraft und Konzentration. Eins der schwierigsten Kletterreviere ist El Capitan im Yosemite-Nationalpark, USA. Seine unglaublich glatte, nahezu senkrechte Felswand galt früher als unbezwingbar. Erst 1959 schaffte es der erste Kletterer bis nach oben.

MIT VOLLGAS INS TAL

Ein sicherer Weg nach unten ist das Ziplining mit einer Seilrutsche, bei der eine Rolle auf einem Stahlseil läuft. Zu den steilsten und längsten Seilrutschen der Welt gehört der 1800 m lange ZipFlyer in Nepal, an dem du mit über 160 km/h über den Wald fliegst.

FURCHTLOSE FLIEGER

Der Elsinoresee in Kalifornien ist sehr beliebt bei Wingsuit-Springern. Diese Flügelanzüge bremsen die Sturzgeschwindigkeit und erinnern in Aussehen und Funktion an Flughörnchen.

FILM AB!

Für den Film „Mission Impossible – Phantom Protokoll" ist Tom Cruise selbst die Fassade des Wolkenkratzers Burj Khalifa in Dubai raufgekraxelt – er hatte kein Double.

SPIDERMAN LEBT

Neuerdings wird das Klettern an Bauwerken wie Wolkenkratzern immer beliebter. Der Franzose Alain Robert bekam den Spitznamen „Spiderman", weil er schon an vielen berühmten Fassaden hochgeklettert ist, oft ohne Hilfsmittel und Sicherung. 2011 erkletterte er den Burj Khalifa in nur sechs Stunden.

Schlamm-sport

Außer dem Sumpffußball gibt es noch viele andere schlammige und verrückte Sportereignisse in aller Welt zu entdecken.

NICHTS FÜR SAUBERMÄNNER

Von Regen aufgeweichter Rasen? Null Problemo! Sumpffußball wird auf absichtlich überfluteten Plätzen oder Sumpfgelände gespielt. An der Sumpffußball-Weltmeisterschaft in Hyrynsalmi, Finnland, nehmen jedes Jahr Hunderte von Mannschaften teil.

Wenn du gern im Matsch wühlst, aber kein Teamsportler bist, wäre da noch die Weltmeisterschaft im Sumpfschnorcheln, die jeden August in Wales stattfindet. Die Teilnehmer paddeln mit Schwimmflossen durch einen modderigen Wassergraben.

Der Gipfel des Schlammspaßes ist die „Wattolümpiade" in Brunsbüttel bei Hamburg mit Matsch-Wolliball, Schlickschlittenrennen, Fischtennis und einem Aal-Staffellauf mit künstlichen Aalen aus Fahrradschläuchen.

Zehendrücken: Die Wettkämpfer müssen mit verschränkten Zehen den Fuß des Gegners zur Seite kippen. Die Weltmeisterschaft steigt in England.

Paintball-Schlacht: Bei einer alljährlichen Veranstaltung in den USA stellen über 4000 Paintballer die Landung der Alliierten in der Normandie im Zweiten Weltkrieg nach.

Käserollen: Bei dem jährlichen Wettlauf in England rollen die Teilnehmer einen großen runden Käse einen sehr steilen Hang hinab. Unten wartet vorsichtshalber ein Krankenwagen mit Sanitätern.

Frauentragen: Die Teilnehmer der Weltmeisterschaft im Frauentragen in Sonkajärvi, Finnland, müssen ihre Frauen über eine Hindernisstrecke schleppen (links). Der Sieger gewinnt das Gewicht seiner Frau in Bier.

DAS GIBT'S NICHT!

Doch, diese Turniere gibt es wirklich!

SUHLEN FÜR DEN GUTEN ZWECK

Die Wattolümpiade ist nicht nur ein Mordsspaß für Matschfans, sondern bringt auch viel Geld für gute Zwecke ein. Sie findet auf den schlickigen Wattflächen der Elbemündung nahe Hamburg statt. Außer Sportmedaillen winken auch Preise für den lustigsten Mannschaftsnamen und die besten Fans.

IN DECKUNG!

Ein Wettbewerb der Summer Redneck Games in Georgia, USA, ist der „Schlammloch-Bauchklatscher". Sieger ist derjenige, bei dem der Schlamm am weitesten spritzt. Außerdem gibt es Wettkämpfe im Kernespucken, Klodeckel-Weitwurf und vieles mehr.

NERVENKITZEL UND ABENTEUER

Auf Tour in HOLLYWOOD

Hollywood in Kalifornien, USA, ist das Zentrum der amerikanischen Filmindustrie, und auf der Universal-Studios-Tour in Hollywood kannst du einen aufregenden Blick hinter die Kulissen werfen.

Auch Shrek treibt sich auf dem Gelände der Universal Studios herum.

WOW!

Jurassic Park – The Ride: Auf der spannenden Wildwassertour zum Kinohit von 1993 wird das Boot immer wieder von Dinosauriern attackiert und plumpst am Schluss 26 m tief in eine Lagune.

King Kong 360 3D: Die Passagiere der wild wackelnden Tourbahn können King Kongs Kampf mit den Dinosauriern auf einer riesigen 3D-Rundumleinwand hautnah miterleben.

DIE TOP-HITS

Einige der tollsten Attraktionen der Universal Studios:

Die Studio-Tour: Eine Fahrt durch die Kulissen berühmter Kinohits samt atemberaubender Spezialeffekte, von einer Auto-Verfolgungsjagd über Explosionen aus „The Fast and the Furious" bis zu einem Flugzeugabsturz aus „Krieg der Welten".

Weblink
Hier gibt es mehr Infos zu den verschiedenen Touren hinter die Kulissen von Hollywood:
www.universalstudioshollywood.com/attractions/studio-tour

BERÜHMTE BUCHSTABEN

Der riesige weiße Schriftzug „Hollywood" auf einem Hügel oberhalb des gleichnamigen Stadtteils wurde 1923 aufgestellt, um für die Grundstücke einer Wohnsiedlung zu werben. Damals lautete er noch „Hollywoodland".

FILM AB!

Diese sechs großen Hollywood-Studios, die auch „Majors" genannt werden, streichen rund 90 % der Kinoeinnahmen ein: Columbia Pictures, Warner Bros., Walt Disney, Universal, Fox und Paramount Pictures.

WALK OF FAME

Vor dem Chinese Theater in Hollywood haben viele Promis ihre Hand- und Fußabdrücke in Beton verewigt. Die Stars der Harry-Potter-Filme hinterließen außerdem noch Abdrücke ihrer Zauberstäbe.

Ein Stuntman der Universal Studios stellt eine Szene aus dem Film „Waterworld" nach.

Die Fuß-, Hand- und Zauberstab- abdrücke der Harry-Potter-Stars

Auf der Universal-Studios-Tour wird eine gewaltige Explosion simuliert.

2,7 MILLIONEN US$!

WAHNSINN!

DER SCIENCE-FICTION-FILM „AVATAR" (2009) VON REGISSEUR JAMES CAMERON WAR MIT TICKETEINNAHMEN VON 2 782 275 172 US-DOLLAR WELTWEIT DER GRÖSSTE KINO-KASSENSCHLAGER ALLER ZEITEN.

Verrückt nach Potter

2012 eröffnete das Warner Bros. Studio in Leavesden bei London die Ausstellung „The Making of Harry Potter". Fans können Requisiten, Kostüme und Modelle besichtigen und die Große Halle, Dumbledores Büro, Hagrids Hütte und die Winkelgasse besuchen.

MINI-HOGWARTS

Für die Filme wurde ein handbemaltes Modell von Hogwarts gebaut. Es ist insgesamt 15 m lang und mit erstaunlichen Details wie beweglichen Türen und winzigen Eulen ausgestattet.

Na, an wen erinnert dich das?

Auch dieses schaurige Slytherin-Requisit ist im Studio ausgestellt.

Weblink
Ausführliche Infos zur Potter-Studio-Tour: www.wbstudiotour.co.uk

DATE MIT DOBBY

Viele Kino-Spezialeffekte entstehen heute am Computer, aber es werden auch „Animatronics" eingesetzt: mechanische Puppen mit Latexhaut. Der Hauself Dobby ist ein gutes Beispiel.

WAHNSINN!

DIE BEIDEN HALLEN, IN DENEN DIE AUSSTELLUNG UNTERGEBRACHT IST, HEISSEN J UND K. WEISST DU, WARUM?

DIE VERFASSERIN DER HARRY-POTTER-ROMANE HEISST J. K. ROWLING.

KINOZAUBER

Spannende Insiderinfos über die magischen Harry-Potter-Filme:

- Für die Filmserie wurden 588 Komplettkulissen gebaut. Die größte war das Zaubereiministerium.
- Der Harry-Potter-Darsteller Daniel Radcliffe hat während der Dreharbeiten 60–70 Zauberstäbe und 160 Brillen verschlissen.
- Die australische Botschaft in London diente als Drehort für die Zaubererbank Gringotts.

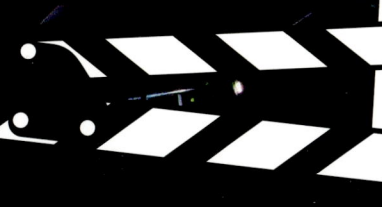

FILM AB!

In „Harry Potter und der Stein der Weisen" spricht Harry im Reptilienhaus des Londoner Zoos zum ersten Mal die Schlangensprache Parsel. Die genaue Stelle ist heute mit einer Tafel markiert; allerdings wohnt im Terrarium daneben eine schwarze Mamba und kein Tigerpython.

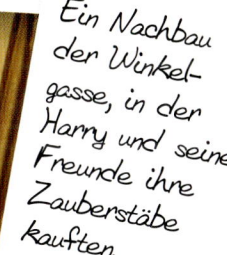

Ein Nachbau der Winkelgasse, in der Harry und seine Freunde ihre Zauberstäbe kauften.

ALLES EINSTEIGEN NACH HOGWARTS

Wenn du mal durch den Londoner Bahnhof King's Cross kommst, vergiss nicht, das Gleis 9 ¾ zu besuchen. Auf dem Bahnsteig steht ein Gepäckwagen, der so aussieht, als ob er gerade in der Mauer verschwindet – wie beim Zugang zu dem geheimen Gleis, von dem der Hogwarts-Express abfährt.

PLATFORM 9¾

COOL VERRÜCKTE WELTWUNDER

FAHRENDER RITTER

Der schrille Bus In dem Film „Harry Potter und der Gefangene von Askaban" wurde aus drei alten Londoner Doppeldecker-Bussen zusammengebaut. Es gab zwei Versionen – einen Bus mit Motor zum Fahren und einen für Stunts, der wie ein Kreisel herumwirbeln konnte.

Neuseeland: Willkommen in Mittelerde

Die Landschaften Neuseelands boten dem Regisseur Peter Jackson ideale Kulissen, um J. R. R. Tolkiens Bücher „Der Hobbit" und „Der Herr der Ringe" zu verfilmen. Seitdem besuchen viele „Tolkien-Touristen" die weit verstreuten Drehorte und begeben sich auf eine Reise, die fast so abenteuerlich ist wie die von Frodo und Bilbo.

EIN HEIM FÜR HOBBITS

Die Kulisse für Frodo Beutlins Heimatdorf im Auenland wurde auf der Alexander Farm bei Matamata auf der Nordinsel aufgebaut. Schon ein Jahr vor den Dreharbeiten wurde das Gelände mit Gras und Blumen bepflanzt. Inzwischen ist Hobbingen mit seinen Hobbithöhlen, der Mühle und dem Gasthaus „Zum Grünen Drachen" eine beliebte Touristenattraktion.

Kommen dir diese drei bekannt vor?

DIE BRUINENFURT

Die Szene aus „Die Gefährten", in der Arwen Frodo rettet, indem sie Wellen in Form weißer Pferde am Bruinen (auch Fluss Lautwasser genannt) heraufbeschwört, wurde auf der Südinsel am Shotover River bei Arrowtown gedreht.

WAHNSINN!

SEIT DIE „HERR DER RINGE"-FILME INS KINO KAMEN, HAT DER NEUSEELAND-TOURISMUS UM 50 % ZUGENOMMEN. DIE „TOLKIEN-TOURISTEN" WOLLEN VOR ALLEM DIE SCHAUPLÄTZE DER FILME SEHEN. EINIGE VON IHNEN VERKLEIDEN SICH SOGAR ALS FILMFIGUREN.

IM FANGORN

Der Snowdon Forest auf der Südinsel wurde für „Die zwei Türme" zum Wald Fangorn. Er ist in Wirklichkeit genauso dicht und grün, aber seine Bäume sprechen leider nicht mit dir.

DAS NEBELGEBIRGE

Die Bergkette The Remarkables („Die Bemerkenswerten") bei Queenstown auf der Südinsel stellte im „Herr der Ringe" und im „Hobbit" das Nebelgebirge dar.

LOTHLÓRIEN

Das Gelände der Fernside Lodge in Walrarapa, Nordinsel, war Lothlórien, das Reich der Elbenfürstin Galadriel. Für Galadriels Abschied von den Gefährten wurde eigens eine weiße Brücke gebaut.

HALLO, MEIN SCHATZ!

„Der Herr der Ringe" ist überall: Schon der Flughafen der neuseeländischen Hauptstadt Wellington begrüßt Besucher mit einer riesigen Gollum-Figur, die nach Fischen grapscht.

DER SCHICKSALSBERG

Der Tongariro-Nationalpark auf der Nordinsel diente als Drehort für Mordor, das Ziel von Frodos Reise. Einer seiner diversen aktiven Vulkankegel, der Ngauruhoe (links), verkörperte den Schicksalsberg. Besucher können den vor sich hingrummelnden Vulkan besteigen, aber die Route ist steil und gefährlich – genau wie der Weg auf den Schicksalsberg.

COOL VERRÜCKTE WELTWUNDER

63

SUPERSHOW:
CIRQUE DU SOLEIL

Eine Liveshow kann ein aufregendes Spektakel sein, vor allem beim berühmten Cirque du Soleil. Hier bekommst du einen kleinen Vorgeschmack.

Weblink
Jede Menge Infos über den Super-Zirkus: www.cirquedusoleil.com/de

AUAA!

SONNENKULT

Der Cirque du Soleil wurde 1984 in Québec, Kanada, gegründet. Inzwischen hat er sich zu einem der größten Unterhaltungsunternehmen der Welt entwickelt und unsere Vorstellung davon, was ein Zirkus ist, völlig verändert. Bei seinen spektakulären Shows treten keine Tiere auf, sondern nur menschliche Künstler wie Tänzer, Akrobaten und Clowns.

* Cirque du Soleil bedeutet „Sonnenzirkus".

* Seit der Gründung haben über 100 Millionen Menschen den Cirque du Soleil besucht.

* Artisten aus aller Welt trainieren im „Kreationsstudio" in Montréal, Kanada, wo neue Shows geplant und ausprobiert werden.

FAKTEN ZUM CIRQUE DU SOLEIL

▸ Der Cirque du Soleil wurde von zwei befreundeten frankokanadischen Straßenkünstlern gegründet.

▸ Sein Logo ist eine lächelnde Sonne.

▸ Die Shows drehen sich ähnlich wie Theaterstücke um bestimmte Themen und Figuren. Dazu gibt es immer Livemusik.

▸ Der Cirque du Soleil war auch schon im Rahmenprogramm bekannter Veranstaltungen wie der Oscarverleihung und dem Eurovision Song Contest zu sehen.

Bei den Themenshows des Cirque du Soleil winken die besten Akrobaten der Welt mit.

Die Requisiten und Hilfsmittel werden für jede Show eigens angefertigt.

Wie macht David Copperfield das?

MAGIER VERZAUBERN DIE WELT

Akrobatikshows wie die des Cirque du Soleil sind sehr beliebt, aber die weltweiten Superstars der Liveunterhaltung sind die Zauberkünstler. Der absolute Megamagier ist der Amerikaner David Copperfield (links), der seine Kunststücke an den berühmtesten Orten der Welt vorführt. Er ließ sogar die Freiheitsstatue verschwinden und schien durch die Chinesische Mauer hindurchzugehen.

BLAUMACHER

Die Shows der US-amerikanischen Blue Man Group gehören zu den ungewöhnlichsten Spektakeln der Welt. Sie bestehen aus Musik, Tanz und Pantomime, aber alles ohne Worte. Die Künstler malen ihre Gesichter knallblau an und tragen blaue Handschuhe.

04

Die aufregendsten, verrücktesten, seltsamsten, spaßigsten, albernsten, größten, atemberaubendsten, cleversten, umwerfendsten, beliebtesten . . .

KULTUR-KNALLER

Das Eis- und Schneefestival in Harbin, Seite 74

KARNEVAL IN RIO

Die gigantischste Party der Welt steigt jedes Frühjahr zur Karnevalszeit in Rio de Janeiro, Brasilien.

Alle Kostüme haben ein Thema, so wie dieses Blumenkostüm.

PARTY-MARATHON

Der brasilianische Karneval ist eine Megaparty mit jahrhundertealter Tradition. Vier Tage lang wird mit viel Lärm und Spaß noch mal richtig abgefeiert, bevor die christliche Fastenzeit losgeht. Rund 2 Millionen Menschen drängen sich in den Straßen, um zuzuschauen und mitzufeiern. Es gibt Umzüge und Straßenfeste in der ganzen Stadt. Höhepunkt des wilden Treibens in Rio ist der Wettbewerb der Sambaschulen im Sambódromo.

SAMBASCHULEN-WETTBEWERB

An ihm nehmen rund 200 Sambaschulen teil. Das sind aber keine richtigen Schulen, sondern Nachbarschaftsvereine, die sich monatelang auf die Karnevalsfeiern vorbereiten. Jede Schule wählt ein Thema und stimmt ihre Kostüme, Festwagen und Tänze darauf ab. Pro Schule treten bis zu 4000 Teilnehmer an, die zu den rasanten Rhythmen ihrer Begleitbands tanzen.

Die Sambaschulen bauen unglaublich fantasievoll geschmückte Festwagen.

Die Mitglieder der Sambaschulen basteln das ganze Jahr an ihren tollen Kostümen.

SAMBA-SPORT

Die Sambaschulen von Rio haben ein Ligasystem, wie im Fußball. Die Spitzenschulen kämpfen in der Karnevalszeit im Sambódromo vor Preisrichtern um die Meisterschaft. Jedes Mitglied einer Schule hat bei der Wettkampf-Vorführung eine bestimmte Rolle und einen genauen Platz auf dem Festwagen oder in den Fußgruppen.

WAHNSINN!

DIE SAMBAKLÄNGE UND -TÄNZE KAMEN URSPRÜNGLICH MIT DEN WESTAFRIKANERN INS LAND, DIE ALS SKLAVEN NACH BRASILIEN GEBRACHT WURDEN.

Sambatrommeln liefern den Soundtrack zum Karneval.

01 *Karneval in Venedig*

02 Holi-Fest

TOP-PARTYS DES PLANETEN

01. Auch die prunkvollen Karnevalsfeiern in Venedig sind weltberühmt. Hier verstecken die Feiernden ihre Gesichter hinter geheimnisvollen Masken.

02. Die Hindus feiern im Frühling Holi, das Fest der Farben, bei dem sie sich gegenseitig mit buntem Pulver bewerfen oder mit gefärbtem Wasser besprizten.

03. Die Thailänder gehen im April zu ihrem Neujahrsfest Songkran mit Eimern und Schläuchen auf die Straße, um sich gegenseitig pitschnass zu machen.

03 *Songkran*

COOL VERRÜCKTE WELTWUNDER

69

HAU REIN!

Bei manchen Festen dreht sich alles ums Essen, und das kann zu einer recht matschigen Angelegenheit werden.

OBSTGEMETZEL

Die Stadt Ivrea in Italien feiert ihren Karneval mit einer riesigen „Orangenschlacht", bei der sich neun Mannschaften mit Orangen bewerfen. Das soll an die Sage erinnern, wie sich die Stadtbewohner im Mittelalter gegen einen Tyrannen wehrten und ihn loswurden. Der Karneval endet mit einer Prozession, die den Trauerzug für den Besiegten darstellt.

Wer bei der Orangenschlacht nur zugucken will, sollte eine rote Mütze tragen, damit die Werfer ihn verschonen.

FREUND UND FEIND IN DER ORANGEN-SCHLACHT

Die Orangenwerfer oder „Aranceri" bilden einerseits Fußmannschaften, die die Stadtbewohner darstellen, und andererseits Wagenbesatzungen, die die Truppen des Tyrannen verkörpern.

MADENMAMPFER

Beim Hokitika Wild Food Festival in Neuseeland wird jede Menge seltsames Essen aus der Wildnis serviert. Die besondere Spezialität ist die Huhu-Made, die Larve eines Käfers, der in Neuseeland weitverbreitet ist. An den Festivalständen gibt es Huhu-Maden sauer eingelegt, gegrillt, mit Schokoglasur oder paniert. Ein paar Angeber knabbern die Maden sogar in lebendigem Zustand.

WINTER ADE!

Der krasse Karneval von Ivrea und viele andere Frühlingsfeste stammen aus uralten Zeiten. Damals feierten die Menschen das Ende des Winters und den Frühlingsbeginn mit Opfern für die Götter, die nach ihrem Glauben die Jahreszeiten regelten. Zu den Festivitäten in Ivrea gehört ein riesiges Freudenfeuer wie bei vielen dieser Feste aus alter Zeit.

Wenn du keine Lust auf die Maden (oben) hast, kannst du in Hokitika auch aus anderen Leckereien aus der Wildnis wählen, etwa Wespenlarven-Eiscreme, Grashüpfer-Gelee und Knusperhai.

Chinchilla Melon Festival, Australien:
Bei dem Melonenfest im Februar kannst du auf Melonen Ski fahren oder dich im Melonenkern-Weitspucken versuchen.

La Tomatina, Buñol, Spanien:
45 000 Menschen bewerfen sich hier jeden August mit matschigen Tomaten.

Radieschen-Nacht, Oaxaca, Mexiko:
Am 23. Dezember werden aus Radieschen geschnitzte Krippenfiguren ausgestellt.

SCHLEMMERPARTYS

Und noch ein paar ausgefallene Feste rund ums Essen.

Klasse PARTYS

Du möchtest auf eine Party gehen, die wirklich anders ist? Dann probier es mal mit einem dieser echt verrückten Feste!

LANGE NICHT SO GELACHT

Das Volk der Ga in Ghana feiert das Homowo, das heißt „den Hunger auslachen". Im Juni ist Lärmen verboten, um das Wachstum der Feldfrüchte nicht zu stören. Im August gibt es dann eine Erntedankparty mit viel Radau.

MASKERADE IN MALI

Die Dogon in Mali sind berühmt für ihre tollen Masken. Im April feiern sie das Maskenfest mit uralten Ritualen. Damit ehren sie die Waldgeister, die durch die Masken dargestellt werden. Jedes Jahr schnitzen sie neue Masken und bringen sie in eine Höhle, um die Geister gnädig zu stimmen.

BABYHÜPFER

In Castrillo de Murcia in Spanien findet an einem religiösen Feiertag im Juni das „Babyspringen" statt: Verkleidete Männer springen dabei über Reihen von liegenden Babys. Der Tradition nach sollen dadurch böse Geister ferngehalten werden.

SAUBERE SACHE

Am 4. Februar feiern die Japaner das „Nacktfest" Hadaki Matsuri. Dabei tragen sie nur Lendentücher und bespritzen sich mit Wasser und Schlamm – als symbolische Reinigung.

FEURIGES FEST

Lerwick auf den schottischen Shetlandinseln feiert das Ende des Winters mit dem Fest Up Helly Aa. Als Wikinger verkleidete Einheimische veranstalten dann einen Fackelumzug und zünden ein nachgebautes Wikingerschiff an.

LIZENZ ZUM MATSCHEN

Im Juli kommen über eine Million Besucher zum Boryeong-Schlammfest in Südkorea, um sich mit Schlick vom örtlichen Strand vollzumatschen, der gut für die Haut sein soll.

ROCK DEN ACKER!

Im April macht sich in der indischen Region Pandschab das Tanzfieber breit. Dann wird das Erntedankfest Baisakchi gefeiert und alle hüpfen im Bhangra-Stil auf den Feldern herum.

HEISSE SACHE

Das englische Dorf Ottery St. Mary veranstaltet am 5. November eine ultraheiße Party: das Fest der flammenden Fässer. Die Fässer werden mit Teer getränkt und innen angezündet, sodass die Flammen herausschlagen. Dann heben Einheimische die Fässer hoch und wetzen damit durch die Zuschauermenge. Das Ganze soll auf einen uralten Brauch zurückgehen, aber keiner erinnert sich mehr so genau, worum es dabei ging!

Stadt aus EIS

Im frostigen Januar findet alljährlich in Harbin im Nordosten Chinas das Eis- und Schneefestival statt. Es ist eins der größten Eisskulpturenfeste der Welt.

BUNTE BIBBERWELT

Jedes Jahr kommen Massen von Besuchern, um durch die Eis- und Schneewelt des Festivals zu schlendern. Zu ihr gehören viele große Eisgebäude, die mit bunten Lampen und Lasereffekten beleuchtet werden. Eiskünstler aus aller Welt arbeiten mit an der Tiefkühlkunst von Harbin und wetteifern darum, rekordverdächtige Eisskulpturen zu gestalten.

LICHTZAUBER

Ein wichtiger Bestandteil des Festivals sind die Eislaternen. Früher bastelten die Fischer sie sich im Winter, indem sie Wasser in einem Eimer gefrieren ließen, den Eisblock aushöhlten und eine Kerze hineinsetzten. Heute sind manche Eislaternen prächtig geschnitzte Kunstwerke.

WAHNSINN!

DER REKORD FÜR DIE HÖCHSTE EISSKULPTUR WURDE 2010 IN CHINA MIT EINEM 16,2 M HOHEN EIS-DINOSAURIER AUFGESTELLT.

SCHLOTTER!

Die durchschnittliche Wintertemperatur in Harbin liegt um -25 °C, das ist ideal für so ein Festival der Tiefkühlkunst. Die Eisblöcke für die Skulpturen in der Stadt stammen aus dem Fluss Songhua.

SCHOCKSCHWIMMEN

Die Einheimischen holen nicht nur Eis aus dem Songhua, sie schwimmen sogar in ihm! Jeden Winter hacken sie ein schwimmbeckengroßes Loch in die Eisfläche, damit mutige Schwimmer ins eisige Wasser hüpfen können.

BRRR!

Holmenkollen Skifestival:
Das norwegische Wintersportfest im März dreht sich vor allem ums Skispringen. Die Teilnehmer, die von der Holmenkollen-Schanze (unten) abspringen, fliegen bis zu 141 m durch die Luft. Wie sich das anfühlt, kannst du in einem Skispring-Simulator vor Ort erleben.

Sapporo-Schneefestival:
Das japanische Fest im Februar lockt mit Skulpturen, Schneerutschen und einem Schneelabyrinth 2 Millionen Besucher an.

Winterkarneval in Québec-Stadt:
In Kanada steigt im Februar eine Riesenparty mit Festumzug, Schneeskulpturen und einem Eispalast für das Karnevalsmaskottchen Bonhomme (unten).

EISZEIT!

Und noch ein paar kultige Eisfestivals in aller Welt:

WAHNSINNSMUSEUM PITT RIVERS

Wenn du Museen langweilig findest, warst du vielleicht nur in den falschen! Hinter vielen Museumsmauern wartet nämlich eine verrückte Welt voller cooler Kuriositäten. Wir stellen hier das Pitt Rivers Museum und ein paar andere irre Museen vor, aber sicher gibt es auch in deiner Nähe abgedrehte Ausstellungen zu sehen.

WUNDER AUS ALLER WELT

Im Pitt Rivers Museum in Oxford, England, sind über eine halbe Million wunderliche Dinge aus aller Welt versammelt. Alles fing damit an, dass General Henry Augustus Lane Fox Pitt Rivers 1884 seine Sammlung der Universität Oxford schenkte. Für diese Sammlung wurde ein Museum gegründet, das seitdem immer mehr seltsame Ausstellungsstücke von Forschern und Völkerkundlern geschenkt bekam. Das Museum (rechts im Bild) ist relativ düster, weil zu viel Licht den Ausstellungsstücken schaden könnte. Hier und da sind Taschenlampen nützlich, um sich zurechtzufinden.

EINE KLEINE AUSWAHL DER ABGEFAHRENEN AUSSTELLUNGSSTÜCKE:

- Inuitkleidung aus Robbengedärmen
- Ein Kriegshelm aus einem aufgeblasenen Kugelfisch von den pazifischen Inseln
- Ein riesiger kanadischer Totempfahl
- Menschliche Schrumpfköpfe
- Hawaiianische Königsmäntel aus Vogelfedern
- Ein 120 Jahre alter Käse
- Ein Silberfläschchen, in dem (angeblich) eine Hexe wohnt
- Magische Masken

Weblink
Einblick in die wundersamen Säle von Pitt Rivers: www.prm.ox.ac.uk

HAARIGE HÖHLE

Noch ein irres Museum ist das Haarmuseum von Avanos in der Türkei! Über 16 000 Besucherinnen haben ihre Haarsträhnen beigesteuert, sodass das Museum heute die weltweit größte Sammlung menschlicher Haare besitzt.

Die Haarsammlung ist an eine Höhlenwand gepinnt.

HÄH?

ES KOMMT NOCH DOLLER:

Museen mit Spaßfaktor!

● Im ketchuproten Deutschen Currywurst Museum in Berlin geht es natürlich um die Wurst.

● Das Internationale Toiletten-Museum in Neu-Delhi, Indien, hat in seiner Sammlung Toiletten von 2500 v. Chr. bis zu modernsten Hightech-Klos.

● Das Stacheldraht-Museum in Kansas, USA, zeigt über 2000 superstachelige Drahtsorten.

● Das Lunchbox-Museum in Georgia, USA, hortet eine tolle Sammlung von Butterbrotdosen.

● Das Rasenmäher-Museum im englischen Southport schneidet mit der weltbesten Sammlung von Rasenpflege-Geräten ziemlich gut ab.

● Das Momofuku-Ando-Instantnudel-Museum in Osaka, Japan, ist ein Leckerbissen für Nudelfans. Dort kannst du sogar deine eigene Geschmacksrichtung für Instantnudeln erfinden.

KRASSER GEHT'S NICHT!

Das Parasitologie-Museum in Meguro, Japan, ist auf Schmarotzer spezialisiert; das sind Geschöpfe, die sich von anderen Lebewesen ernähren. In seiner Sammlung gibt es einen über 9 m langen Bandwurm, der mal in einem Menschen gewohnt hat, und einen Delfinmagen (siehe rechts), an dem unzählige gefräßige Würmer hängen.

Die Nummer 1: Das Smithsonian

Es ist das größte Museum der Welt. Du würdest Jahre brauchen, um es komplett zu besichtigen – also fang besser bald damit an …

GRÖSSER GEHT'S NICHT

Die Smithsonian Institution in Washington D. C., USA, kurz das Smithsonian genannt, besteht aus 19 Museen, die in der ganzen Stadt verstreut sind und alle kostenlos besucht werden können. Wenn du es nicht bis nach Washington schaffst, aber ein bisschen Englisch kannst: Auf seiner englischen Webseite (www.si.edu) gibt es eine riesige Online-Datenbank, wo du alles über die Ausstellungsstücke erfährst. Dort findest du außerdem Online-Spiele und andere Aktivitäten rund um Museumsthemen.

Weblink
Infos über das Smithsonian und die einzelnen Museen findest du unter: www.si.edu/Content/Pdf/Visit/WelGerman2011.pdf

TIERE AUSSER GEFAHR

Auch der National Zoological Park gehört zum Smithsonian. Er beherbergt etwa 2000 Tiere aus rund 400 verschiedenen Arten. Ein Viertel dieser Arten ist gefährdet, und der Zoo arbeitet daran, ihr Überleben zu sichern. Zu seinen besonders seltenen Arten gehören der Sumatratiger (links) und Westliche Flachlandgorillas aus Afrika.

BIST DU STARTKLAR?

Das Smithsonian National Air and Space Museum besitzt die weltweit größte Sammlung historischer Flugzeuge und Raumschiffe. Dazu gehört der Wright Flyer, das erste Flugzeug, das sich je in die Luft erhob – 1903. Auch die Spirit of St. Louis, mit der Charles Lindbergh der erste Nonstop-Alleinflug über den Atlantik gelang, ist hier zu sehen sowie viele, viele andere Fluggeräte, darunter ein US Space Shuttle (rechts).

DINOPARTY

Auch in deiner Nähe gibt es bestimmt ein großes Museum, und in den meisten gibt es tolle Programme für Kinder. Im Museum für Naturkunde in Berlin zum Beispiel kannst du deinen Geburtstag bei den Dinosauriern feiern!

FILM AB!

Der Film „Nachts im Museum 2" mit Ben Stiller spielt im Smithsonian. Teil 1 spielte im American Museum of Natural History (Naturkundemuseum) in New York.

SUPER-SCHATZ

Im Smithsonian National Museum of Natural History befindet sich einer der wertvollsten Diamanten der Welt, der blaue Hope-Diamant (links) in einer Halskette. Angeblich bringt er jedem, der ihn trägt, Unglück.

SIXTINISCHE KAPELLE: KUNST STEHT KOPF

Einer der größten Kunstschätze der Welt steht auf dem Kopf: ein Bild an der Decke der Sixtinischen Kapelle im Vatikan in Rom. Du musst dir den Hals verrenken, um es zu sehen. Aber denk erst mal an den armen Maler!

VIER JAHRE PLACKEREI

Papst Julius II. beauftragte den Künstler Michelangelo, die Decke der Kapelle für ihn auszumalen. Michelangelo brauchte gut vier Jahre – von 1508 bis 1512 –, um das Fresko (ein Gemälde auf Kalkputz) zu malen. Er baute ein hohes hölzernes Gerüst, auf dem er beim Malen stand. Dabei musste er den Kopf dauernd zurückbeugen. Davon bekam er einen sehr steifen Nacken und beschwerte sich außerdem, dass die Arbeit seine Augen dauerhaft geschädigt hätte.

DOOFER JOB

Michelangelo kämpfte bei der Arbeit an seinem Meisterwerk mit vielen Problemen. Feuchtes Wetter führte dazu, dass der Putz an der Decke nicht richtig trocknete. Oft musste er auf sein Geld warten, wenn der Papst in den Krieg zog oder krank wurde. Michelangelo wollte den Job eigentlich gar nicht machen und nörgelte dauernd herum.

Da hab ich mir ja was aufgehalst?

SCHUHE ABPUTZEN !!!

Jedes Jahr kommen rund 5 Millionen Besucher in die Sixtinische Kapelle. Sie bringen Schweiß, Staub, Hautschuppen und lose Haare mit, die dem Deckengemälde schaden können. Zukünftig soll eine Spezialschleuse am Eingang die Schuhsohlen der Besucher reinigen, den Staub von ihrer Kleidung saugen und sie herunterkühlen, damit sie weniger schwitzen.

FINGERSPITZENGEFÜHL

Michelangelo musste schon ein Meister der Perspektive und der Farbe sein, um die Bilder so zu gestalten, dass sie vom Boden, 18 m unter dem Deckengemälde, gut aussehen. Sie zeigen religiöse Szenen wie die Erschaffung der Welt durch Gott. Am berühmtesten ist die Szene, in der Gott seine Hand ausstreckt, um den Finger von Adam, dem ersten Menschen, zu berühren.

Ein kleiner Teil der Decke fiel 1797 nach einer Explosion in der Nähe herunter.

Die Decke zeigt über 300 Figuren.

Michelangelo sah sich eigentlich nicht als Maler, sondern als Bildhauer.

Später wurde ein Künstler beauftragt, einigen der nackten Gestalten an der Decke Kleidungsstücke aufzumalen.

Das Fresko wurde über ein älteres Deckengemälde gemalt, das den nächtlichen Sternenhimmel zeigte.

Michelangelo hatte viele Gehilfen, die ihm den Putz anmischten und manchmal kleine Stellen bemalen durften. Er feuerte sie aber dauernd.

KAPELLENFAKTEN

Ein paar erstaunliche Fakten über Michelangelos kopfstehendes Meisterwerk.

KUNST im FREIEN

Du brauchst gar nicht in ein Museum zu gehen, um coole Kunst zu sehen. Schau dich einfach mal draußen um!

WANDGESTALTUNG

Graffiti sind eine in aller Welt beliebte Form der öffentlichen Kunst. Berühmte Graffitikünstler verkaufen ihre Arbeit für viel Geld und werden sogar beauftragt, Museumswände zu gestalten. Manche Städte stellen extra Flächen für Graffitikünstler zur Verfügung. 2012 machte das englische Bristol seine Nelson Street zum Graffitikunstprojekt. Tausende kamen, um die bunten Wände zu bewundern (siehe Hintergrundbild).

OOH!

GEBRAUCHSKUNST

Diese Kunst darfst du mit Füßen treten! Die Escadaria Selarón ist eine Treppe mit 250 Stufen in Rio de Janeiro, Brasilien. Der chilenische Künstler Jorge Selarón machte sie zum Kunstwerk, indem er sie mit Fliesen aus aller Welt pflasterte. Jetzt ist sie eine beliebte Touristenattraktion.

WAHNSINN!

DER GRÖSSTE ALLER SKULPTURENPARKS BEFINDET SICH IN DER CHINESISCHEN STADT CHANGCHUN. ER IST VOLLER SKULPTUREN AUS ALLEN WINKELN DER WELT.

POPPIGE PARKS

Wenn du tolle 3D-Kunst im Freien sehen willst, dann solltest du einen Skulpturenpark besuchen. Berühmt ist der Minneapolis Sculpture Garden in Minnesota, USA, mit seiner Löffelbrücke und dem Kirsch-Springbrunnen (oben). Das ist ein Werk von Claes Oldenburg und seiner Frau Coosje van Bruggen. Sie sind bekannt für ihre Riesenmodelle von Alltagsgegenständen.

VERWUNSCHENE GÄRTEN

Auch Gärten können spannende Kunst sein!

Der Treppengarten in Fukuoka, Japan, klettert 60 m an einer Seite des Acros-Gebäudes empor.

Die Lost Gardens of Heligan in Cornwall, England, sind berühmt für ihre bepflanzten Erdskulpturen wie diesen Riesenkopf (oben).

COOL VERRÜCKTE WELTWUNDER

05

Die tiefsten, finstersten, seltsamsten, verbotensten, rätselhaftesten, verstecktesten, erstaunlichsten, entlegensten, unerreichbarsten Winkel der Erde:

GEHEIME ORTE

Höhle der Kristalle in Mexiko, Seite 94

AREA 51: KEIN ZUTRITT

Es gibt Orte, die zu betreten streng verboten ist. Und weil sie so geheim sind, erzählt man sich jede Menge verrückte Geschichten über sie. Besonders berüchtigt ist die Area 51, angeblich ein Tummelplatz von Außerirdischen. Wer weiß? Wir nicht!

Mein Zuhause?

ALIEN-AREA

Area 51 ist ein Stützpunkt der US Air Force in der Wüste von Nevada. Der Zugang ist strikt verboten. Keiner weiß warum, aber es gibt die wildesten Spekulationen. Am beliebtesten ist die Theorie, dass dort ein UFO geparkt ist.

ENTERING AREA 51

TOURISTEN? SCHIEBT AB!

Besucher sind in der schwer bewachten Area 51 unerwünscht. Überall lauern Bewegungsmelder, chemische Sensoren und Videokameras neugierigen Schnüfflern auf, und das Wachpersonal ist angewiesen, Eindringlinge mit allen Mitteln zu vertreiben. Sag nicht, wir hätten dich nicht gewarnt …

RAUMSCHIFF-RENNSTRECKE?

Rund um die Area 51 wurden so viele UFO-Sichtungen gemeldet, dass eine nahe Straße offiziell in „Außerirdischen-Autobahn" umgetauft wurde. Aber stammen die geheimnisvollen Flugobjekte, die gesichtet wurden, wirklich aus dem All oder ist das Sperrgebiet doch nur ein Testgelände für neue Fluggeräte der Air Force? Kommt ganz drauf an, ob du an Besucher aus dem All glaubst oder nicht!

Extraterrestrial Highway NEVADA 375

©1996 STATE OF NEVADA. All Rights Reserved.

AGENTEN-HAUPTQUARTIER

Noch ein berühmter verbotener Ort in den USA ist die Geheimdienst-Zentrale der CIA (Central Intelligence Agency) in Langley, Virginia. Da darfst du auch nicht rein – aber du bist zum virtuellen Rundgang auf der Website eingeladen.

Weblink
Zu Besuch bei der CIA! Natürlich nur virtuell: https://www.cia.gov/about-cia/headquarters-tour/virtual-tour-flash

NO-GO-AREA AM ENDE DER WELT

Pine Gap wird auch als „Australiens Area 51" bezeichnet. Die Militärbasis südwestlich der Stadt Alice Springs ist top-secret. Es gibt alle möglichen Gerüchte über sie, auch über regelmäßige UFO-Besuche.

GAR NICHT SO GEHEIM

Zu den ältesten Geheimorten gehört das Geheimarchiv des Vatikans mit Tausenden historischer Dokumente auf über 80 Regalkilometern. Es ist aber gar nicht mehr so geheim wie früher: Forscher dürfen die Dokumente auf Anfrage einsehen.

Die golfballähnlichen Gebilde in Pine Gap sind Radarkuppeln. In ihnen befinden sich riesige Satellitenschüsseln.

BURLINGTON-BUNKER: LEBEN IM UNTERGRUND

Der Burlington-Bunker war eine Art Geheimstadt unter der Erde. Auch anderswo gibt es versteckte Orte zu entdecken.

EIN BOMBEN-BUNKER

Im Kalten Krieg von den 1950er bis 1980er Jahren wurden Atomschutzbunker tief unter der Erde gebaut, um die Menschen vor Atombombenexplosionen zu schützen. Der Atomkrieg kam zum Glück nicht, aber die Bunker sind noch da. Einer der größten war ein Geheimkomplex bei der kleinen englischen Stadt Corsham: der Burlington-Bunker.

Das Innere des Burlington-Bunkers war für einen längeren Aufenthalt eingerichtet.

DREI MONATE OHNE SHOPPING

Der Burlington-Bunker bot Platz für 4000 Regierungsmitarbeiter einschließlich des englischen Premierministers. Er war über 1 km lang. Eine ganze Flotte batteriebetriebener Elektrokarren zockelte durch sein 16 km langes Tunnelnetz. Der bombensichere Bunker war mit Essen und Wasser für drei Monate ausgerüstet. Doch er wurde nie gebraucht und 2004 schließlich stillgelegt.

Du kannst den Burlington-Bunker zwar nicht in echt besuchen, aber immerhin virtuell besichtigen.

Weblink
Auf zur Bunkertour:
www.burlingtonbunker.co.uk

Es gab Betten für alle Leute, die bei einem Atomangriff hier Zuflucht gefunden hätten.

Alles drin in Burlington:
- Krankenzimmer ● ein TV-Studio
- eine riesige Telefonzentrale ● Küchen
- Büros ● Schlafzimmer ● Versorgungsläden
- 12 riesige Kraftstofftanks ● ein unterirdischer See mit Trinkwasser

WELTUNTERGANGSADRESSE

Wer Sorge hat, die Welt könnte untergehen, kann für 50 000 US-Dollar einen Platz im Vivos-Bunker unter der amerikanischen Mojave-Wüste reservieren. Die unterirdische atomsichere Anlage hat Zimmer mit Fernseher, aber ob es dann noch Programm gibt?

Der Vivos-Bunker hat Zimmer für Leute, die an das baldige Weltende glauben.

Die Tunnel von Cu Chi sind heute eine Touristenattraktion.

UNTERGRUNDKÄMPFER

Die Vietcong-Truppen gruben während ihres Kriegs gegen Südvietnam und die USA von 1959 bis 1975 ein Tunnelnetz unter Teilen von Vietnam, um sich dort zu verstecken und Überraschungsangriffe zu starten. Fallen mit Bambusspießen und Stolperdrähte, die Kästen voller Skorpione öffneten, sicherten die Tunnel von Cu Chi gegen feindliche Eindringlinge.

WAHNSINN!

VIELE REGIERUNGEN HABEN IMMER NOCH GEHEIMVERSTECKE, UM WICHTIGE PERSONEN BEI EINEM ATOMANGRIFF IN SICHERHEIT ZU BRINGEN.

PARISER KATAKOMBEN:
GEHEIMNIS
UNTER DER STADT

Unter den Stra en von Paris und anderen Gro
städten der Welt verstecken sich düstere Orte,
von denen die meisten Menschen nichts ahnen.

Die Knochen in den Katakomben sind zu dekorativen Mustern angeordnet.

Unter der französischen Hauptstadt stapeln sich Tausende von Totenschädeln.

SUPER VERSTECK

Kreuz und quer unter dem Zentrum
von Paris verläuft ein über 300 km
umfassendes Tunnelnetz, die sogenannten Katakomben. Sie wurden
früher auch von französischen
Revolutionskämpfern und später,
im Zweiten Weltkrieg, von der
französischen Widerstandsbewegung,
der Résistance, genutzt.

Viele der unterirdischen Gänge und Kammern haben Wände aus Menschenknochen.

STADT DER KNOCHEN

Im 18. Jahrhundert waren die Friedhöfe von Paris so überfüllt,
dass sie zu stinken begannen und das Trinkwasser verseuchten.
Deshalb wurden die Knochen ausgegraben und in die Tunnel alter
Steinbrüche unter der Stadt umquartiert. Ein Teil dieser Tunnel-
anlagen wurde zum offiziellen städtischen Friedhof erklärt und soll
heute die Knochen von etwa 7 Millionen Menschen beherbergen.

OSSEMENTS DU
CIMETIERE DES
INNOCENTS
DÉPOSÉS LE
2 JUILLET 1809

Unter der Grand Central Station in New York liegt ein geheimes Präsidentengleis.

GEHEIMGLEIS

Nicht nur Paris hat unterirdische Geheimnisse. Unter der Grand Central Station in New York, USA, verbirgt sich das stillgelegte „Gleis 61". Es wurde in den 1930er Jahren von Präsident Franklin D. Roosevelt genutzt. Er brauchte einen Rollstuhl, aber die Öffentlichkeit sollte das nicht wissen. Deshalb wurde er aus seinem Zug vom Gleis 61 mit einem geheimen Aufzug ins benachbarte Hotel Waldorf Astoria gebracht.

STALINS SCHIENENNETZ

Die russische Regierung hat die Existenz der „Metro 2", einer geheimen U-Bahn unter der normalen Moskauer U-Bahn, nie bestätigt. Viele glauben, dass dieses geheime U-Bahnnetz Orte wie Flughäfen, Militärstützpunkte und Atombunker verbindet. Angeblich wurde es zur Zeit des Sowjetdiktators Josef Stalin (oben) gebaut und an sein Haus angeschlossen.

DISNEYS UNTERWELT

Auch unter den Füßen der Besucher von Disney World in Florida erstreckt sich ein geheimes Tunnelnetz. Durch die „Versorgungsgänge" unter dem Freizeitpark können kostümierte Mitarbeiter von A nach B kommen, ohne im falschen Themenbereich aufzutauchen. Deshalb siehst du dort keine Cowboys in der Science-Fiction-Zone oder Aliens im Wilden Westen herumlaufen.

KUNST IM VERBORGENEN

Es ist gefährlich, die Pariser Tunnel ohne Führer zu besuchen. Ortskundige Pariser, die man „Cataphile" nennt, treiben sich trotzdem gern auf eigene Faust dort unten herum – und riskieren, von der speziellen Katakomben-Polizei geschnappt zu werden. Manche haben im Untergrund schon Bilder gemalt, Skulpturen geschaffen und Theaterstücke aufgeführt. Es gab sogar ein geheimes Kino mit Sitzen, die in den Stein gehauen waren.

91

FORT KNOX BOMBEN-SICHER

Manche Dinge sind so wertvoll, dass man sie da verstecken muss, wo kein Dieb je an sie herankommt. Dafür gibt es ultrasichere Schatzkammern wie die von Fort Knox.

HER MIT DEM GOLD!

Im Goldlager von Fort Knox in Kentucky, USA (im Bild unten), sollen Tausende von Goldbarren lagern, die der US-Regierung gehören. In dem Fort befinden sich ungefähr 3 % von allem Gold, das je gefördert wurde.

GOLD UND MEHR

Im Zweiten Weltkrieg hütete Fort Knox außer wichtigen Dokumenten wie der amerikanischen Unabhängigkeitserklärung und der englischen Magna Carta auch die Krone von Ungarn.

Die Magna Carta in Fort Knox

FILM AB!

Im James-Bond-Film „Goldfinger" plant der Bösewicht, eine Atombombe in Fort Knox zu zünden, um das Gold radioaktiv zu verseuchen und so den Wert seiner eigenen Goldvorräte in die Höhe zu treiben.

DENK NICHT MAL DRAN!

Niemand hat je versucht, das Gold aus Fort Knox zu klauen. Das Goldlager hat Granitwände, explosionssichere Türen und modernste Sicherheitssysteme. Das Gebäude wird durch bewaffnete Soldaten und einen Militärstützpunkt mit Kampfhubschraubern und Panzern gesichert. Kein Besucher darf es je betreten.

WER HAT DAS GOLD?

Welche Länder lagern am meisten Gold in ihren Tresoren? Hier sind die Top 5 der staatlichen Goldreserven (Schätzwerte).

1. USA – 8134 Tonnen
2. Deutschland – 3391 Tonnen
3. Italien – 2451 Tonnen
4. Frankreich – 2435 Tonnen
5. China – 1054 Tonnen

RIESENBATZEN

Der größte Goldhaufen der Welt liegt im Keller der Federal Reserve Bank in New York, 24 m unter der Liberty Street. Du darfst die Bank besuchen, aber keine goldenen Souvenirs mitnehmen.

WAHNSINN!

DIE GOLDBARREN IN DER BANK OF ENGLAND WERDEN REGELMÄSSIG ABGESTAUBT.

DER SCHLÜSSEL ZUM SCHATZ

Unter der Bank of England in der Londoner Threadneedle Street gibt es einen Tresorraum mit Stapeln von Goldbarren. Sie gehören Großbritannien und einigen anderen Ländern, die selbst kein sicheres Lager für ihre Goldvorräte haben. Die Türen sind so dick, dass der Schlüssel dazu gut 90 cm lang ist.

GOLDENES GEHEIMNIS

DIESE ZAHLEN SIND GESCHÄTZT. NIEMAND WILL DEN WAHREN UMFANG DER LAGER PREISGEBEN!

NEW YORK FEDERAL RESERVE – 7000 TONNEN

BANK OF ENGLAND – 4600 TONNEN

FORT KNOX – 4578 TONNEN

HÖHLEN-ZAUBER

EINBLICKE!

In aller Welt gibt es Höhlen mit atemberaubendem Innenleben zu bestaunen. Hier einige spannende Beispiele, für die es sich lohnt, in den Untergrund abzutauchen.

STEINZEITKUNST

Schon zu Urzeiten malten Menschen Bilder an Höhlenwände. Sie zeigen Tiere, die sie jagten, und ihre eigenen Handabdrücke. Eins der schönsten Beispiele ist die Höhle von Altamira in Spanien. Aber weil der menschliche Atem den Bildern schadet, dürfen immer nur wenige Besucher auf einmal rein.

HÖHLE DER KRISTALLE

Die Höhle der Kristalle bei Chihuahua, Mexiko, ist voller gigantischer Kristalle, die bis zu 11 m groß sind. Höhlenforscher müssen hier Atemgeräte und Spezialanzüge voller Eiswürfel tragen, damit sie in der feuchtheißen Höhlenluft nicht an Überhitzung sterben.

COOLE KAMMER

Auf dem unterirdischen Fluss im Puerto-Princesa-Subterranean-River-Nationalpark auf den Philippinen kannst du eine Bootstour zur „Italiener-Kammer" unternehmen, einer der größten Höhlenkammern der Welt. Mit 360 m Länge und 80 m Höhe ist sie so groß wie eine Kathedrale.

WAHNSINN!

OHNE SPEZIELLE ATEMGERÄTE KÖNNTEN MENSCHEN IN DER HÖHLE DER KRISTALLE NUR ZEHN MINUTEN ÜBERLEBEN.

TROPFENDE STEINE

Stalaktiten sind Tropfsteine, die wie riesige Eiszapfen von den Decken in Kalksteinhöhlen hängen. Einen der größten Stalaktiten findest du in der Jeita-Höhle im Libanon. Er ist 8,2 m lang.

IST DAS WAS FÜR DICH?

Adrenalinjunkies aus aller Welt zieht es zur Schwalbenhöhle in Mexiko. Sie hat den größten Höhlenschacht der Welt. Tollkühne Base-Jumper stürzen sich hier 333 m in die Tiefe.

Stalagmit

Stalaktit

AAH!

WUNDERWÜRMCHEN

Die Wände der Waitomo-Höhlen auf der neuseeländischen Nordinsel sind mit Tausenden winziger Glühwürmchen bedeckt. Sie glühen gelblich-grün und liefern eine der märchenhaftesten Lightshows der Welt.

GIGANTISCH

Stalagmiten bilden sich am Boden von Höhlen und ragen wie Zuckerhüte in die Höhe. Der größte Stalagmit der Welt befindet sich in der Cueva Martin Infierno auf Kuba. Er ist stolze 60 m hoch.

Weblink

Hier findest du spannende Höhlen in deiner Nähe: www.showcaves.com/german/index.html

FERNE WINKEL

Wenn du der Welt mal den Rücken kehren willst, findest du hier einige der entlegensten Orte überhaupt, angefangen mit einem eisigen Städtchen, unter dem der Boden nie auftaut.

EINE ECHT COOLE ADRESSE

Barrow in Alaska ist die nördlichste Stadt der USA. Sie liegt 515 km nördlich vom Nordpolarkreis in der Tundra, wo der Boden das ganze Jahr gefroren ist und keine Bäume wachsen. Im Winter bleibt es hier zwei Monate lang Tag und Nacht finster. Trotz dieser extremen Bedingungen leben über 4000 Menschen in der Stadt.

WAHNSINN!

BEI DEN UREINWOHNERN, DEN INUPIAT, HIESS BARROW FRÜHER „UKPEAGUIK", DAS BEDEUTET „WO DIE SCHNEE-EULEN GEJAGT WERDEN".

GUT EINMUMMELN!

In Barrow herrscht Polarklima: Es ist klirrend kalt und trocken. Die Region bekommt so wenig Niederschlag, dass sie als Wüste gilt. Von Oktober bis Mai bleibt die Temperatur unter dem Nullpunkt und alle müssen sich dick einpacken. Außerdem ist es eine der wolkenreichsten Gegenden des Planeten.

KEIN SPAZIERGANG

Ein paar schwer erreichbare Orte, bei denen die Anreise gute Planung erfordert:

- Ittoqqortoormiit liegt an der Küste von Grönland, wo das Meer die meiste Zeit des Jahres zugefroren ist. Es ist nur per Hubschrauber zu erreichen und hat ungefähr 500 Einwohner.

- Tristan da Cunha im Südatlantik ist die abgelegenste bewohnte Insel der Welt. Sie hat rund 300 Bewohner und ist nur per Schiff erreichbar. Der nächste Nachbarort ist 2173 km entfernt.

- La Rinconada, Peru, ist mit 5100 m Höhe über dem Meeresspiegel die höchste Stadt der Welt. Hier kommst du nur per Lkw hin.

- Supai liegt auf dem Boden des Grand Canyon in Arizona, USA. Hierher führen keine Straßen, sondern nur ein steiler, 14,4 km langer Wanderweg. Die Post wird per Maultier geliefert.

- Den Verwaltungskreis Motuo in China erreichst du nur, wenn du übers Himalaya-Gebirge wanderst und dann eine halsbrecherische Hängebrücke überquerst. Alle Versuche, eine Straße zu bauen, sind bislang an Schlamm- und Schneelawinen gescheitert.

GROSSE SPRÜNGE

Barrow wurde vom Volk der Inupiat gegründet, die davon leben, dass sie Tiere jagen. Im Juni wird das Ende einer erfolgreichen Waljagd-Saison mit einer Inupiat-Party und -Zeremonie gefeiert: dem Natukataq-Deckenspringen. Robbenfelle werden zu einem Riesentrampolin zusammengenäht und jeder springt darauf, so hoch er kann.

ULTIMATIVER KÄLTESCHOCK

Das Dorf Oimjakon in der russischen Republik Sacha kann Barrow in Sachen Kälte noch unterbieten. Es hält den Rekord als kältester dauerhaft bewohnter Ort der Erde. Hier fiel das Thermometer schon auf schockfrostige -67,7 °C.

La Rinconada in Peru darf sich „höchste Stadt der Welt" nennen.

FUNDGRUBE SUTTON HOO

Manchmal tauchen verlorene Dinge unerwartet wieder auf, aber stell dir vor, du findest ein Grab voller Schätze oder einen vergessenen Palast!

MYSTERIÖSER MANN

1939 entdeckten Archäologen in der englischen Ausgrabungsstätte Sutton Hoo das Grab eines Mannes, der mehr als 1300 Jahre zuvor in einem Schiff beerdigt worden war. Es war voller wertvoller Gegenstände: Münzen, Schmuck, Waffen und ein eiserner Helm, verziert mit Kampfszenen und Tieren. Niemand weiß genau, wer hier beerdigt wurde, aber man glaubt, dass es vielleicht König Raedwald war, der hier im 7. Jahrhundert herrschte.

DU MUSST MIT!

Im nördlichen Europa wurden mehrere Schiffsgräber gefunden, an denen offenbar auch Menschen geopfert wurden. Vielleicht waren es Diener, die den Toten ins Jenseits begleiten sollten.

Weblink
Noch mehr Entdeckungen bietet die Mediathek von Archäologie Online: www.archaeologie-online.de/mediathek

Die Vorderseite des Sutton-Hoo-Helms aus Eisen und Bronze ist mit einem Vogel verziert. Seine Flügel bilden die Augenbrauen, sein Schwanz einen Schnurrbart.

GESPENSTERSCHIFF

Der König von Sutton Hoo wurde in seinem Holzschiff begraben, damit er mit seinen Schätzen die Reise ins Jenseits antreten konnte. Er hatte Goldmünzen dabei, um die geisterhaften Ruderer zu bezahlen, die ihn in ein himmlisches Königreich bringen sollten. Dort sollte er dann feiern und schlemmen – deshalb der Kochkessel und das Trinkhorn. Das Holzschiff verrottete mit der Zeit, aber sein Abdruck blieb im Boden.

Das Sutton-Hoo-Schiff vermoderte in der Erde, hinterließ aber einen deutlichen Abdruck seiner Form im Boden.

WAHNSINN!

DIE SCHÄTZE VON SUTTON HOO SIND IM BRITISH MUSEUM IN LONDON ZU SEHEN.

DER PALAST DES MINOTAURUS

Ein Schiff zu finden, ist aufregend, einen Palast zu entdecken, erst recht. Ende des 19. Jahrhunderts gruben Archäologen bei Knossos auf der Insel Kreta einen Riesenpalast aus. In ihm fanden sie Malereien, Gegenstände und Dokumente der uralten Kultur der Minoer. In den griechischen Sagen galt der Palast als Wohnort des Minotaurus, eines Ungeheuers in Menschengestalt mit Stierkopf.

Touristen besuchen die Reste des Palastes von Knossos, wo der Minotaurus hauste.

GOLDJUNGE

Einer der glanzvollsten Funde aller Zeiten wurde 1922 im ägyptischen Tal der Könige gemacht: Dort entdeckte Howard Carter das Grab von Tutanchamun, einem Pharao aus dem 14. Jahrhundert v. Chr. Es enthielt sagenhafte Schätze, darunter die goldene Totenmaske des Pharaos. Und als sei das nicht spannend genug, erfanden die Zeitungen auch noch die Gruselstory, der Pharao habe Carter verflucht, weil er in sein Grab eingebrochen sei.

Das Team von Howard Carter im Grab von Tutanchamun

VERSCHOLLEN

Im Zweiten Weltkrieg verschleppten deutsche Truppen einen der größten Kunstschätze Russlands, das Bernsteinzimmer, aus einem russischen Palast. Die kostbare Ausstattung des berühmten Zimmers ist seit Langem verschollen. Viele haben danach gesucht, aber es ist noch nicht wieder aufgetaucht.

Ein Nachbau des Bernsteinzimmers

TERRAKOTTA-ARMEE

Als Bauern 1974 in Xian, China, einen Brunnen gruben, stießen sie auf einige lebensgroße Tonfiguren. Sie gehörten zur „Terrakotta-Armee" von Qin Shi Huangdi, dem ersten Kaiser von China.

TOLLE TONSOLDATEN

Die Ausgrabungsstätte umfasst über 8000 lebensgroße Soldaten, alle unterschiedlich gekleidet und mit individuellen Frisuren und Gesichtern. Sie sind in Gruben um das Grab des Kaisers aufgestellt, als ob sie ihn im Jenseits bewachen sollten. Es gibt auch Figuren von Akrobaten und Beamten und gut erhaltene Bronzewaffen.

Auf dem Riesengelände gibt es für die Archäologen noch viel zu tun.

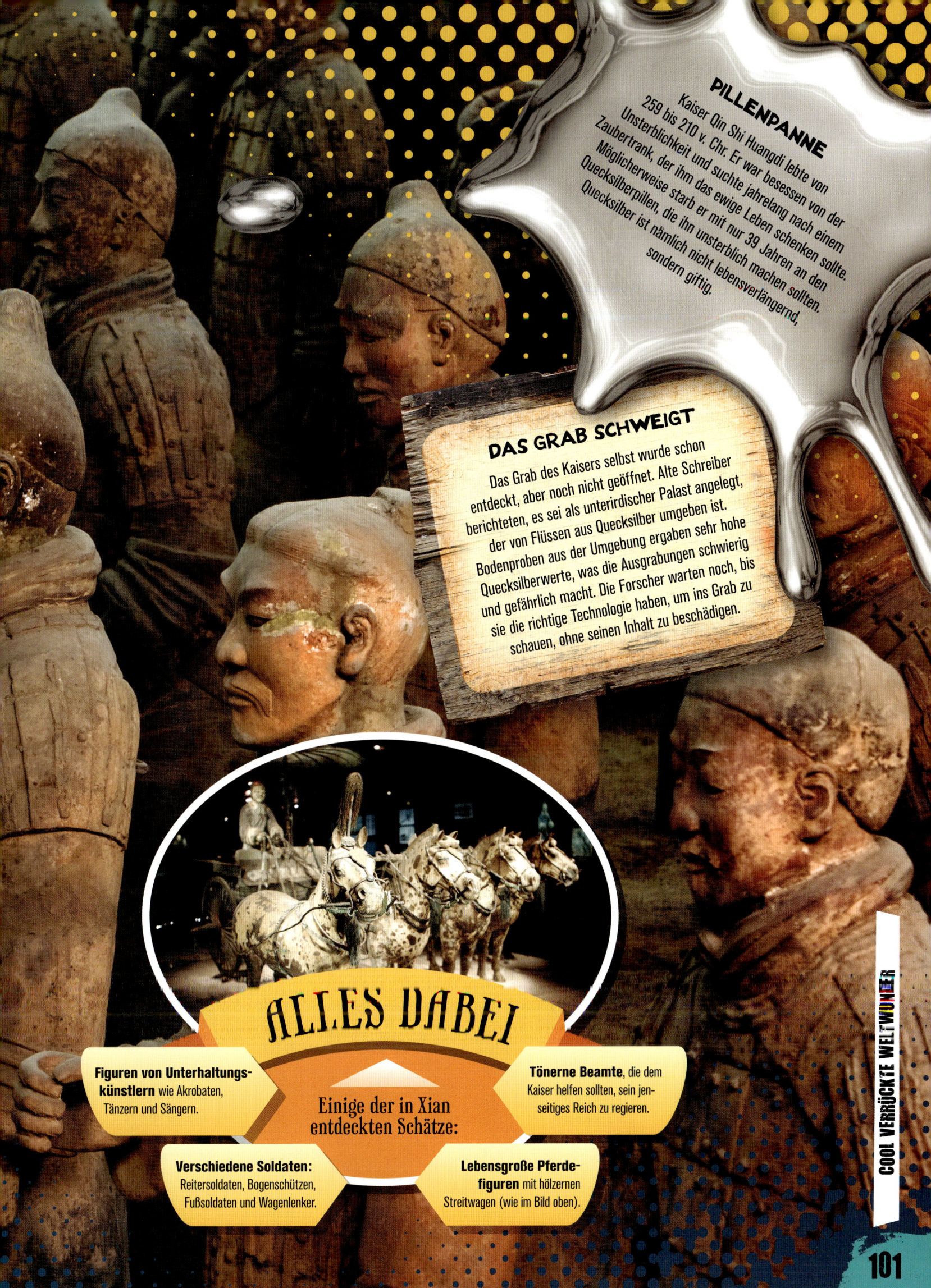

PILLENPANNE

Kaiser Qin Shi Huangdi lebte von 259 bis 210 v. Chr. Er war besessen von der Unsterblichkeit und suchte jahrelang nach einem Zaubertrank, der ihm das ewige Leben schenken sollte. Möglicherweise starb er mit nur 39 Jahren an den Quecksilberpillen, die ihn unsterblich machen sollten. Quecksilber ist nämlich nicht lebensverlängernd, sondern giftig.

DAS GRAB SCHWEIGT

Das Grab des Kaisers selbst wurde schon entdeckt, aber noch nicht geöffnet. Alte Schreiber berichteten, es sei als unterirdischer Palast angelegt, der von Flüssen aus Quecksilber umgeben ist. Bodenproben aus der Umgebung ergaben sehr hohe Quecksilberwerte, was die Ausgrabungen schwierig und gefährlich macht. Die Forscher warten noch, bis sie die richtige Technologie haben, um ins Grab zu schauen, ohne seinen Inhalt zu beschädigen.

ALLES DABEI

Einige der in Xian entdeckten Schätze:

Figuren von Unterhaltungskünstlern wie Akrobaten, Tänzern und Sängern.

Tönerne Beamte, die dem Kaiser helfen sollten, sein jenseitiges Reich zu regieren.

Verschiedene Soldaten: Reitersoldaten, Bogenschützen, Fußsoldaten und Wagenlenker.

Lebensgroße Pferdefiguren mit hölzernen Streitwagen (wie im Bild oben).

06

Die cleversten, erstaunlichsten, unglaublichsten, teuersten, schnellsten, modernsten, härtesten, kältesten, saubersten und verdrecktesten Wissenschafts-Hotspots. Zeit für . . .

HIGHTECH

Das Paranal-Observatorium in Chile, Seite 117

COOL VERRÜCKTE WELTWUNDER

AUTOSTADT: *Schöner* PARKEN

Hier stellen wir dir einige der coolsten Parkplätze der Welt vor, angefangen mit zwei vollautomatischen Hightech-Parktürmen.

TURBO-TÜRME

Zum Volkswagen-Werk in Wolfsburg gehört auch der Erlebnispark „Autostadt". Dort gibt es ein Automuseum, Teststrecken, Restaurants und Läden, aber besonders berühmt sind die beiden Autotürme. Sie sind 48 m hoch und bieten Platz für je 400 Autos. Wenn du einen neuen VW kaufst, kannst du herkommen und zusehen, wie dein Auto vollautomatisch aus dem Turm zu dir herunterschwebt.

INTELLIGENT GEPARKT

Die Autos kommen durch einen Tunnel aus der Fabrik in die Türme. Dann werden sie mit einem großen Lift zu ihren Stellplätzen gehoben (siehe oben). Wenn ein Auto abgeholt wird, fährt der Lift hoch, das Auto wird aus seinem „Regalplatz" auf den Lift befördert und schwebt nach unten. Besucher können den Spaß bei einer Turmfahrt miterleben.

KFZ-KUNST

Die Autos von Carhenge in Nebraska, USA, parken für die Ewigkeit! Carhenge ist ein Nachbau der berühmten Stonehenge-Anlage in England, aber nicht aus Steinblöcken, sondern aus 38 grau angemalten Autos. Der Künstler Jim Reinders baute es als Denkmal für seinen Vater. Die Umgebung ist heute ein Auto-Kunst-Park mit noch mehr Recyclingkunst.

Carhenge wurde zur zweitschrägsten Touristenattraktion der USA gewählt, nach dem Klobrillen-Museum in San Antonio.

WAHNSINN!

DAS GRÖSSTE COMPUTERGESTEUERTE PARKHAUS DER WELT IST IN DUBAI UND HAT PLATZ FÜR FAST 1200 AUTOS. DIE FAHRER STEIGEN EINFACH AUS UND DIE AUTOS WERDEN AUTOMATISCH VON LIFTANLAGEN EINGEPARKT.

www.autostadt.de

AUTO STATT HAUSTIER?

Takuya Tsuchida entwarf das KRE-Haus in Tokio für einen Autofan, der seine Autos über alles liebt. Es hat eine Garage für neun Autos und einen Autolift, um eins ins Wohnzimmer hochzufahren, wo er und seine Gäste es bewundern können.

BONNEVILLE: SUPERFLITZER

Bonneville ist nur einer der Tummelplätze für irre Raser, die immer wieder neue Geschwindigkeitsrekorde aufstellen.

SUPER SALZPISTE

Die Bonneville-Salzwüste in Utah, USA, ist eine der besten Hochgeschwindigkeits-Rennstrecken des Planeten. Die glatte Salzfläche ist das Überbleibsel eines uralten Sees und bietet reichlich Platz für Rekordfahrten. 1914 wurde auf ihr der erste Geschwindigkeitsrekord an Land aufgestellt. Seitdem hat es hier viele Rekordversuche gegeben, mit allen möglichen Fahrzeugen, von Autos über Motorräder (siehe links) bis zu Streamlinern – windschlüpfigen Fahrzeugen, die über 800 km/h schnell werden.

WAHNSINN!

DAMIT EIN TEMPOREKORD GILT, MUSS EIN FAHRZEUG IHN INNERHALB EINER STUNDE AUF DERSELBEN STRECKE ZWEIMAL FAHREN.

Der JCB DieselMax (unten) stellte 2006 in Bonneville den Temporekord für Dieselfahrzeuge auf: 563 km/h.

JCB **JCB DIESELMAX**

GUTE PLANUNG IST ALLES

Wer einen Landgeschwindigkeitsrekord brechen will, muss sich eine ebene Fläche suchen, wo das Wetter warm und trocken ist und es viel Platz zum Beschleunigen und Abbremsen gibt. Vor Rekordversuchen gehen Steinsucher die Strecke ab und sammeln alles auf, was gefährlich aussieht. Wenn das Vorderrad eines Rekordfahrzeugs einen Stein hochschleudert, kann er das Auto mit der Kraft einer Gewehrkugel treffen. Deshalb haben Rekordwagen kugelsichere Reifen.

Weblink
Sei beim nächsten Tempo-rekordversuch virtuell dabei:
www.bloodhoundssc.com

Goldenrod, ein berühmter Kolbenmotor-Rekordwagen, der 1965 in der Bonneville-Salzwüste 658 km/h erreichte

FILM AB!

Die gottverlassene Bonneville-Salzwüste ist in vielen Filmen und TV-Sendungen zu sehen, wie in „Independence Day" und „Fluch der Karibik – Am Ende der Welt".

SCHNELLER ALS DER SCHALL

Noch eine Supergeschwindigkeitsstrecke ist die Black-Rock-Lavawüste in Nevada, USA. Hier durchbrach 1997 der ThrustSSC (rechts) als erstes Landfahrzeug die Schallmauer. Der ehemalige britische Pilot Andy Green stellte mit ihm einen neuen Landgeschwindigkeitsrekord von 1223,657 km/h auf. Das Auto wurde durch zwei Strahlturbinen für Kampfflugzeuge angetrieben.

DEMNÄCHST IN SÜDAFRIKA

Andy Green, der Inhaber des Landgeschwindigkeitsrekords, will seinen eigenen Rekord mit dem Streamliner-Raketenauto Bloodhound verbessern, das die Power von 180 Formel-1-Rennwagen haben soll (links als Modell zu sehen). Der Rekordversuch soll auf der Hakskeen Pan, einem ausgetrockneten See in Südafrika, stattfinden, der für das Fahrzeug besser geeignet ist als Black Rock oder Bonneville. Das ebene, feste Gelände ist über 16 km lang und hat reichlich Platz an beiden Enden.

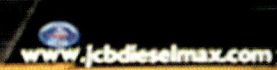

440AA/DS

ABFLUG INS ALL

Nächster Halt: Weltall! Von diversen Weltraumflughäfen rund um den Globus heben Raketen und Raumschiffe ins All ab.

First Moon Landing, 1969

Weltraum, wir kommen!

MENSCHEN AUF DEM MOND

Alle bemannten Missionen des Apollo-Raumfahrtprogramms der USA starteten vom Kennedy Space Center in Florida. Seine Experten überwachten auch die Apollo-11-Mission, mit der 1969 zum ersten Mal Menschen auf dem Mond landeten, und lenkten die historischen ersten Schritte der Astronauten Neil Armstrong und Buzz Aldrin auf dem Mond.

VORGESCHMACK AUFS ALL

Das Kennedy Space Center ist nicht nur ein aktiver Weltraumbahnhof, sondern lädt Besucher auch zur Besichtigungstour durch die Geschichte des US-Raumfahrtprogramms ein. Im „Raketengarten" (rechts) siehst du riesige Atlas- und Titanraketen, mit denen die Apollo-Module ins All geschossen wurden. Du kannst sogar in eins der Module klettern, um zu erleben, wie eng es darin zuging.

Weblink
Auch Europa fliegt ins All:
www.esa.int/ger/ESA_in_your_country/Germany

WELTRAUMPIONIERE IM OSTEN

Der erste Weltraumbahnhof überhaupt war das Kosmodrom Baikonur, der Sitz des russischen Raumfahrtprogramms. Von der Basis in der Wüste von Kasachstan startete Juri Gagarin 1961 als erster Mensch ins Weltall. Das Kosmodrom ist immer noch in Betrieb und schickt Versorgungsflüge zur Internationalen Raumstation (siehe Seite 110). Sein Museum hütet die Uniform von Juri Gagarin und eine Bodenprobe von seinem Landeplatz.

WAHNSINN!

IM KENNEDY SPACE CENTER KANNST DU EIN MITTAGESSEN MIT EINEM ECHTEN ASTRONAUTEN BUCHEN, DER DIR VON SEINER ARBEIT ERZÄHLT.

CCCP

Die erste Frau im All, Walentina Tereschkowa, hob 1963 von Baikonur ab.

In Baikonur ist eine Menge los, denn hier starten Versorgungsflüge zur Internationalen Raumstation.

UNITED STATES

Virgin Galactic bringt Touristen ins All.

Virgin

RAUMFAHRT FÜR ALLE!

Bald können auch Privatpersonen mit Raumflugzeugen aus der Erdatmosphäre ins All hinausfliegen. Hunderte von Weltraumtouristen haben ihren Flug mit einem Virgin-Galactic-Raumflugzeug (oben) schon angezahlt. Insgesamt soll so ein Raumausflug schlappe 190 000 Euro pro Person kosten.

INTERNATIONALE RAUMSTATION:

HIMMLISCHES ZUHAUSE

Die Internationale Raumstation (International Space Station – ISS) ist ein riesiges Weltraumlabor, das um die Erde kreist. Astronauten arbeiten und wohnen hier immer einige Monate am Stück.

SCHAU MAL REIN

Die Station besteht aus mehreren Modulen, die mit Raumschiffen ins All gebracht und von Astronauten im Außeneinsatz zusammengebaut wurden. Das Wohn- und Servicemodul Swesda (unten) bietet Wohnraum für sechs Personen.

Arbeitsplatz

Laufband

Fenster

RADIKALES RECYCLING

Alles Wasser an Bord der ISS wird recycelt. Die Besatzung benutzt Trockenshampoo und essbare Zahnpasta, um Wasser zu sparen. Aller Urin wird recycelt, feste Stoffe werden gesammelt und mit zurück zur Erde gebracht.

BITTE ANSCHNALLEN!

Weil die ISS im freien Fall um die Erde kreist, schwebt alles an Bord schwerelos durch die Gegend. Die Astronauten müssen sich im Bett und auf der Toilette anschnallen. Sie können aufrecht schlafen, weil es kein „oben" und „unten" gibt.

GEMÜSEGARTEN

Die ISS-Astronauten konnten in sogenannten Wachstumskammern Pflanzen aus Samen ziehen. Vielleicht können Raumfahrer demnächst unterwegs ihr eigenes Gemüse züchten.

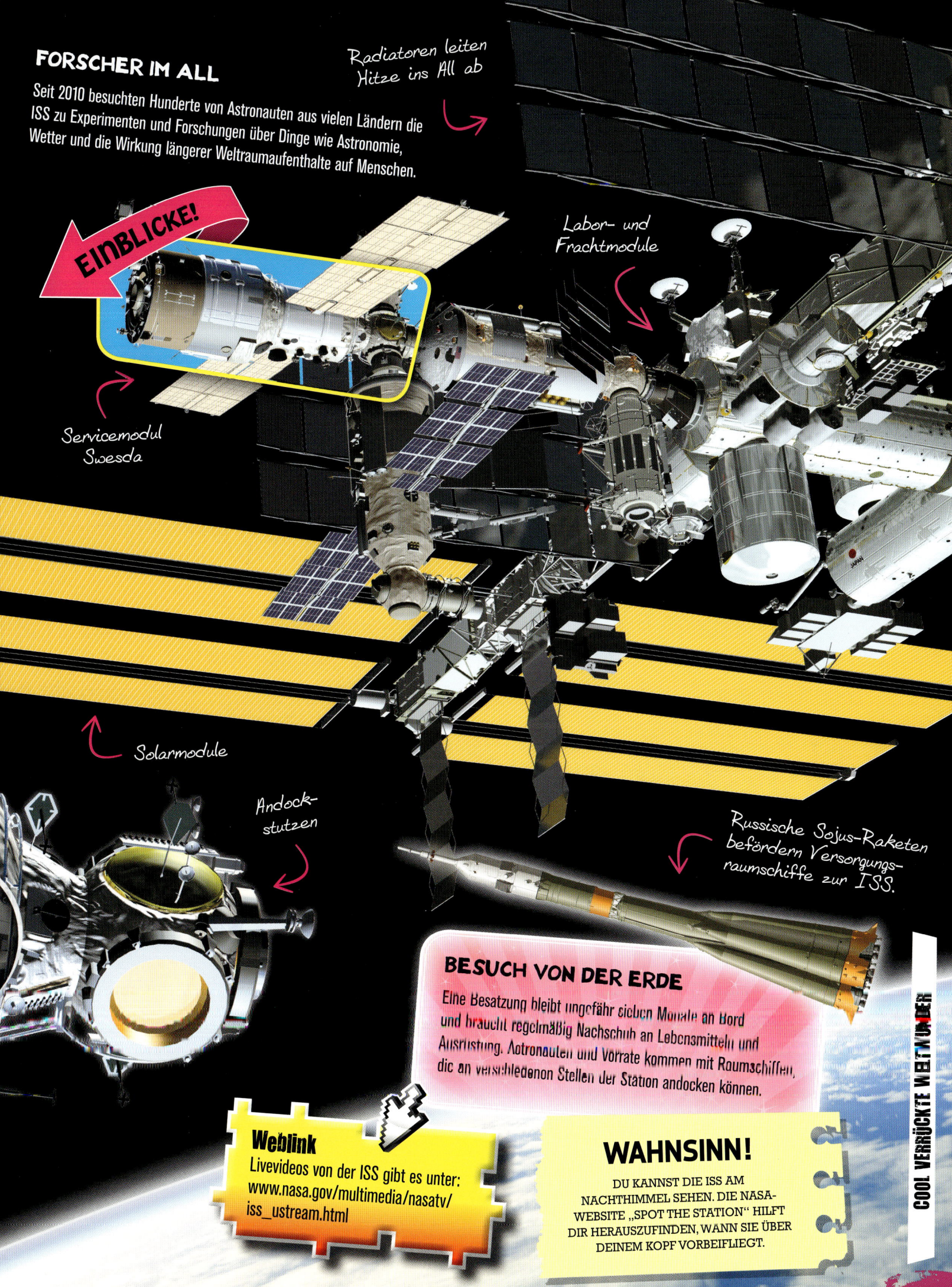

FORSCHER IM ALL

Seit 2010 besuchten Hunderte von Astronauten aus vielen Ländern die ISS zu Experimenten und Forschungen über Dinge wie Astronomie, Wetter und die Wirkung längerer Weltraumaufenthalte auf Menschen.

Radiatoren leiten Hitze ins All ab

EINBLICKE!

Labor- und Frachtmodule

Servicemodul Swesda

Solarmodule

Andock-stutzen

Russische Sojus-Raketen befördern Versorgungs-raumschiffe zur ISS.

BESUCH VON DER ERDE

Eine Besatzung bleibt ungefähr sieben Monate an Bord und braucht regelmäßig Nachschub an Lebensmitteln und Ausrüstung. Astronauten und Vorräte kommen mit Raumschiffen, die an verschiedenen Stellen der Station andocken können.

Weblink
Livevideos von der ISS gibt es unter: www.nasa.gov/multimedia/nasatv/iss_ustream.html

WAHNSINN!

DU KANNST DIE ISS AM NACHTHIMMEL SEHEN. DIE NASA-WEBSITE „SPOT THE STATION" HILFT DIR HERAUSZUFINDEN, WANN SIE ÜBER DEINEM KOPF VORBEIFLIEGT.

EDEN PROJECT:
PFLANZEN-POWER

Erstaunliche Orte bewahren die Pflanzenschätze unseres Planeten.

RIESIGE BIO-KUPPELN

Das Eden Project ist eine Besucherattraktion und ein gemeinnütziges Projekt in einer ehemaligen Tonabbaugrube in Cornwall, England. Unter seinen Kunststoffkuppeln (rechts) sind Tausende von Pflanzen aus aller Welt untergebracht, um sie zu bewahren und zu erforschen. Die Kuppeln bestehen aus Plastikkissen auf Stahlrahmen. In der größten Kuppel mit 55 m Höhe und 100 m Durchmesser herrscht tropische Hitze. Dort wachsen wärmeliebende Pflanzen wie Bananen und Kaffee.

PFLANZENSAMEN GUT AUFGEHOBEN

Was passiert, wenn eine Umwelt- oder Naturkatastrophe droht, Pflanzen auszurotten? Für diesen Fall gibt es Pflanzensamenbanken: sichere Lager, in denen die Samen vieler Pflanzen aufbewahrt werden. Die größte davon ist die Millennium Seed Bank Partnership von Wakehurst Place in England. Sie ist für eine Lebensdauer von 500 Jahren gebaut. Die Betonwände ihrer Lagerräume sind dick genug, um die Strahlung nach einer Atomexplosion abzuhalten.

EISKALTER SAMENTRESOR

Eine der wichtigsten Pflanzensamenbanken ist der Svalbard Global Seed Vault (rechts) auf der arktischen Insel Spitzbergen, die zu Norwegen gehört. In unterirdischen Kammern in einem eisigen Berg werden dort über 4,5 Millionen Samen sicher aufbewahrt und von Hightech-Sicherheitssystemen geschützt.

WARUM HIER?

Bei Kälte halten sich die Pflanzensamen am längsten. Auf Spitzbergen werden die Samen wasserdicht in Folie eingeschweißt und bei -18 °C gelagert. Der Ort wurde ausgewählt, weil er so kalt ist, es hier keine Erdbeben oder Vulkane gibt und die Gegend in 130 m Höhe über dem Meeresspiegel selbst dann trocken bliebe, sollten die Polkappen durch den Klimawandel abschmelzen.

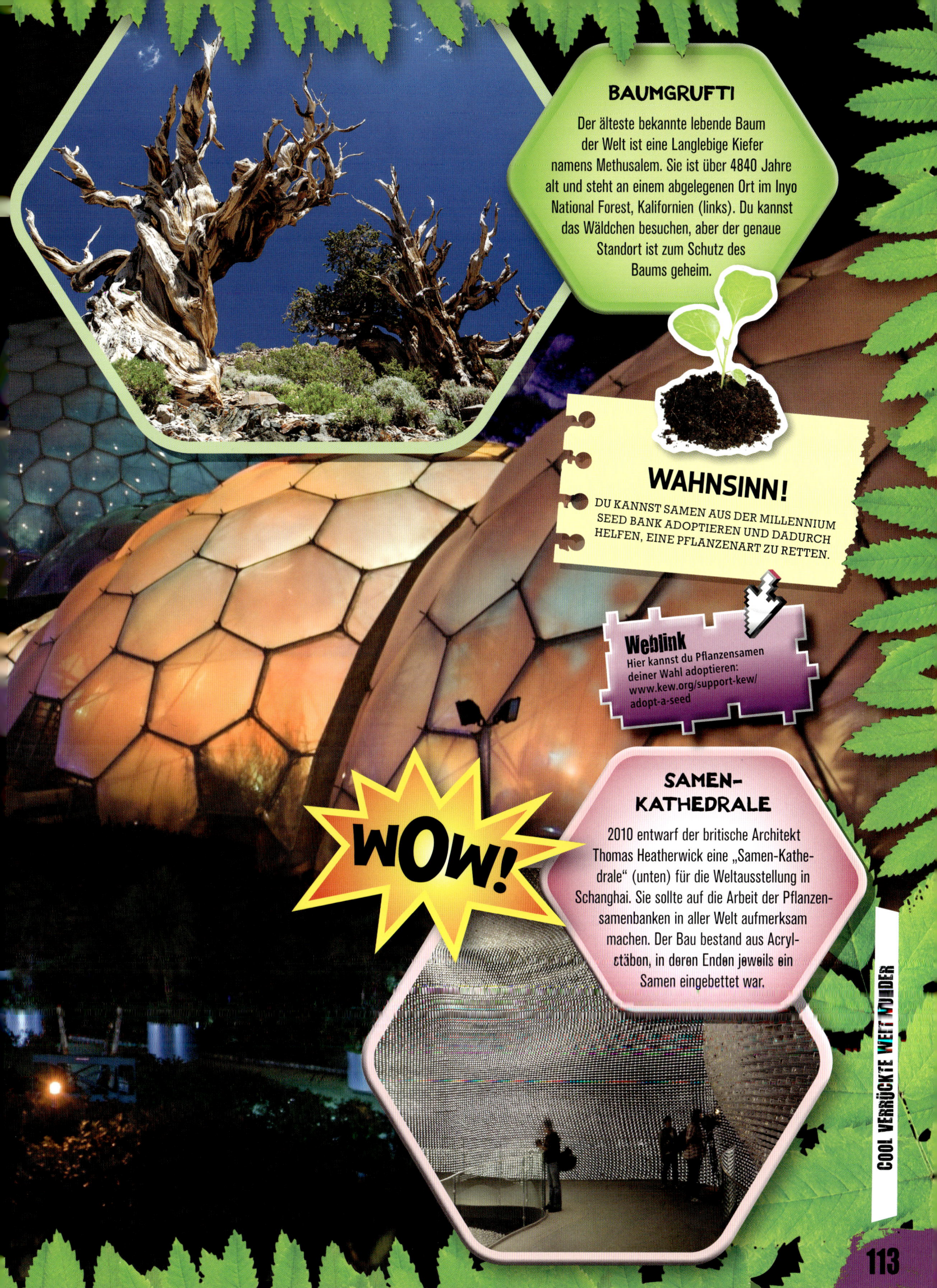

BAUMGRUFT!

Der älteste bekannte lebende Baum der Welt ist eine Langlebige Kiefer namens Methusalem. Sie ist über 4840 Jahre alt und steht an einem abgelegenen Ort im Inyo National Forest, Kalifornien (links). Du kannst das Wäldchen besuchen, aber der genaue Standort ist zum Schutz des Baums geheim.

WAHNSINN!

DU KANNST SAMEN AUS DER MILLENNIUM SEED BANK ADOPTIEREN UND DADURCH HELFEN, EINE PFLANZENART ZU RETTEN.

Weblink
Hier kannst du Pflanzensamen deiner Wahl adoptieren:
www.kew.org/support-kew/adopt-a-seed

SAMEN-KATHEDRALE

2010 entwarf der britische Architekt Thomas Heatherwick eine „Samen-Kathedrale" (unten) für die Weltausstellung in Schanghai. Sie sollte auf die Arbeit der Pflanzensamenbanken in aller Welt aufmerksam machen. Der Bau bestand aus Acrylstäben, in deren Enden jeweils ein Samen eingebettet war.

WOW!

McMURDO:
ARBEITSPLATZ IM EWIGEN EIS

Die Antarktis ist die kälteste Region der Erde. Jedes Jahr bleibt es hier monatelang stockfinster. Die US-Forschungsstation McMurdo in der Antarktis ist einer der weltweit frostigsten Arbeitsplätze für Wissenschaftler.

McMurdo wurde auf der Ross-Insel gebaut, 4023 km von Neuseeland entfernt.

STADT AM ENDE DER WELT

Der Kontinent Antarktika gehört zu keinem bestimmten Staat, sondern darf von allen Ländern wissenschaftlich genutzt werden. Es gibt auf ihm keine Siedlungen, sondern nur Forschungsstationen. Die US-Station McMurdo ist die größte und wird deshalb manchmal als Antarktis-Stadt bezeichnet. Die meisten Forscher kommen in McMurdo an und reisen von dort zu anderen Stationen weiter. Im Sommer leben rund 1000 Menschen in McMurdo, im Winter nur 200.

KRASSES KLIMA

Die Antarktis liegt im äußersten Süden des Planeten und bekommt im Sommer (der von September bis März geht) sechs Monate ununterbrochen Tageslicht. Aber auch dann steigt die Durchschnittstemperatur nie über null. Im Winter ist es sechs Monate stockdüster und bis zu -50 °C kalt. Im Landesinneren purzelt die Temperatur sogar bis -73 °C und heftige Stürme fegen mit bis zu 160 km/h übers Eis.

-50 °c

BIBBERKALT

In McMurdo wird es im Winter dreimal so kalt wie in deinem Tiefkühlschrank daheim.

Die McMurdo-Bewohner haben selbst im Sommer oft richtig mieses Wetter.

Märchenhaftes Polarlicht am antarktischen Nachthimmel

FROSTIGE FAKTEN

▸ Die NASA hat ihre Viking-Marssonde in der Antarktis getestet, weil es da ähnlich kalt und trocken ist wie auf dem Mars.

▸ Im Sommer gibt es für Touristen Kreuzfahrten in die Antarktis, die manchmal auch Forschungsstationen besuchen.

▸ Die kälteste je auf der Erde gemessene Temperatur wurde von der russischen Antarktis-Station Wostok registriert: -89,2 °C.

▸ Der Antarktische Eisschild enthält 90 % des Eises der Erde.

▸ Pinguine besuchen die Antarktis, bleiben aber nicht das ganze Jahr hier. Das größte Landtier, das hier ständig lebt, ist eine flügellose Mücke.

TIEFKÜHL-FESTIVAL

McMurdo hat nicht nur Schlafräume und Forschungslabors, sondern auch eine Kantine, ein Fitnesscenter, Bars, eine Bowlingbahn, eine Kirche, eine Feuerwache, ein Postamt und eine Krankenstation. Im Sommer veranstaltet die Station sogar ein Musikfestival, Icestock (oben), bei dem alle mitmachen und -tanzen. Im Winter sind die Bedingungen hart, aber dafür flackert das fantastische Polarlicht am Himmel.

SÜDLICHER GEHT'S NICHT

In der amerikanischen Amundsen-Scott-Südpolstation halten ungefähr 50 Forscher den eisigen Winter durch. Wegen der heftigen Schneestürme war das alte Gebäude kuppelförmig, damit der Schnee besser abrutschte, aber es versank trotzdem im Schnee und wurde inzwischen durch einen Neubau ersetzt.

WAHNSINN!

IN DER ANTARKTIS GIBT ES 42 FORSCHUNGSSTATIONEN VERSCHIEDENER LÄNDER, DIE DEN WINTER ÜBER BEWOHNT SIND.

FORSCHER MIT DURCHBLICK

Weil es in der Antarktis monatelang finster bleibt und die Luft so klar und kalt ist, sind die Bedingungen ideal, um den Sternenhimmel und die Erdatmosphäre zu untersuchen. Außerdem bohren die Forscher tief ins Eis, um es zu analysieren. Taucher von McMurdo wagen sich sogar durch Eislöcher (rechts) in die Tiefe und lassen ferngesteuerte Kameras nach unten.

atacama:
STERNGUCKER

Kann man von der Erde aus Dinge beobachten, die kurz nach dem Urknall passiert sind? Ja, das geht, wenn du dich in die Atacama-Wüste in Chile begibst, wo das gigantische ALMA-Teleskop in die fernen Winkel des Alls hinausspäht.

BESTER BLICK INS ALL

Das ALMA-Teleskop steht in 5000 m Höhe in der chilenischen Wüste. Hier gibt es keine „Lichtverschmutzung" (elektrische Lichter, die die Sicht ins All stören). In der trockenen, klaren Luft funktionieren die Radioteleskope besonders gut.

66 SCHÜSSELN

ALMA hat 66 Parabolantennen (unten) mit bis zu 12 m Durchmesser. Diese Schüsseln werden auf riesigen Fahrzeugen mit Robotertechnik herumgefahren und können bis zu 16 km voneinander entfernt aufgestellt werden, um sie auf verschiedene Bereiche des Weltalls auszurichten. ALMA hat ungefähr 1,4 Milliarden US-Dollar gekostet und wurde von mehreren Ländern gemeinsam finanziert.

ALMA SIEHT ALLES

Teleskope wie ALMA beobachten uralte Galaxien in den fernen Tiefen des Alls. Frühere Astronomen konnten diese Galaxien schlecht sehen, weil sie in Weltraumstaub gehüllt sind. ALMA löst dieses Problem. Obwohl es erst 2013 offiziell in Betrieb ging, hat es schon Bilder von Galaxien gemacht, die vor zwölf Milliarden Jahren entstanden, nur eine Milliarde Jahre nach Geburt des Universums.

Weblink
Hier gibt's Livebilder von Alma:
www.almaobservatory.org

SUPER-SPIEGEL

Chile ist ein so idealer Ort für Sterngucker, dass hier auch das Paranal-Observatorium (oben) steht. Zu ihm gehört das VLT (kurz für Very Large Telescope – sehr großes Teleskop). Es kann mit vier der weltgrößten Parabolspiegel tief in den Weltraum blicken.

Der Pferdekopfnebel, aufgenommen vom VLT. Nebel sind Riesenwolken aus Staub und Gas, die bei der Geburt von Sternen entstehen.

A.L.M.A.

WAHNSINN!

ALMA STEHT FÜR ATACAMA LARGE MILLIMETRE/SUB-MILLIMETRE ARRAY (MILLIMETER/SUBMILLIMETER-TELESKOPFELD ATACAMA).

TOP-ZIELE FÜR STERNGUCKER

Die International Dark-Sky Association vergibt Preise an Orte mit geringer „Lichtverschmutzung", von denen der Sternenhimmel gut zu beobachten ist. Solche als „Sternenparks" ausgezeichnete Orte sind zum Beispiel:

- ▶ Natural Bridges National Monument, Utah, USA
- ▶ Cherry Springs State Park, Pennsylvania, USA
- ▶ Galloway Forest Park, Schottland
- ▶ Zselic-Landschaftsschutzgebiet, Ungarn

Weblink
Noch mehr Infos für Sterngucker: www.licht verschmutzung.de/seiten/sternenparks.php

SCHARFE AUGEN

ALMA nimmt verschiedene Arten von Strahlung aus den Tiefen des Weltalls auf. Solche Strahlung wird zum Beispiel freigesetzt, wenn neue Galaxien entstehen oder Sterne explodieren. Die gelieferten Bilder sind zehnmal so scharf wie die des Weltraumteleskops Hubble, das um die Erde kreist.

KOSMISCHER CRASHTEST: CERN

Das CERN, die Europäische Organisation für Kernforschung, ist ein riesiger Forschungskomplex in der Schweiz. Wissenschaftler suchen dort nach geheimnisvollen unsichtbaren Teilchen, die erklären könnten, was bei der Entstehung des Universums passierte.

Ein Teil des Großen Hadronen-Speicherrings

TOLLE TEILCHEN

Am CERN arbeiten Tausende von Wissenschaftlern und Ingenieuren aus aller Welt. Hier werden die größten wissenschaftlichen Geräte der Welt eingesetzt, um die winzigen Bausteine, genannt Teilchen, zu untersuchen, aus denen das ganze Universum zusammengesetzt ist. Dem CERN gelangen schon mehrere wichtige Entdeckungen über Teilchen. Unter anderem wurde ein ganz neuer Teilchentyp entdeckt, das sogenannte Higgs-Boson.

AUF KOLLISIONSKURS

Das CERN hat mehrere Teilchenbeschleuniger – Geräte, die dafür sorgen, dass Teilchen mit Wahnsinnsgeschwindigkeit als Strahlen durch die Maschinen sausen. Die Teilchen erreichen dabei fast Lichtgeschwindigkeit (die höchste bekannte Geschwindigkeit im Universum). Dann lässt man sie gegen ein Hindernis knallen oder miteinander zusammenstoßen, was unglaublich schwer hinzukriegen ist. Sensoren erfassen bei den Kollisionen alle möglichen Daten. Mit deren Hilfe untersuchen die Physiker, was genau bei diesen Crashs passiert.

300 km Kabel leiten Messdaten vom LHC weiter.

WAHNSINN!

DAS WORLD WIDE WEB – BESSER BEKANNT ALS INTERNET – WURDE AM CERN VON TIM BERNERS-LEE UND ROBERT CAILLIAU ENTWICKELT. DIE ERSTE WEBSEITE ÜBERHAUPT WURDE 1993 VOM CERN VERÖFFENTLICHT.

SCHNITZELJAGD

Alles Existierende besteht aus kleinen Teilen, die man Moleküle nennt. Die Moleküle bestehen aus noch kleineren Teilen, den Atomen. Die Atome schließlich bestehen aus winzigen Teilchen, zu denen Protonen, Neutronen, Elektronen und Quarks gehören. Am CERN untersuchen Physiker diese Teilchen und forschen nach neuen. Sie wollen herausfinden, was passierte, als die Teilchen entstanden – in dem Moment, als das Universum geboren wurde.

Weblink
CERN-Spiele und -Fakten gibt es unter www.cernland.net

FAKTEN ZUM LHC

▸ Jeder Teilchenstrahl besteht aus rund 3000 Teilchenbündeln, die je 100 Milliarden Protonen enthalten.

▸ Mit nahezu Lichtgeschwindigkeit drehen die Protonen jede Sekunde ungefähr 11 245 Runden durch den LHC-Tunnel.

▸ Der Zentralteil des LHC ist so etwas wie das größte Tiefkühlgerät der Welt. In ihm ist es kälter als draußen im Weltall.

▸ Die Mitarbeiter des CERN benutzen Fahrräder, um sich im riesigen Tunnel fortzubewegen.

LHC – DER RIESENKNALLER

Der größte Teilchenbeschleuniger des CERN ist der Large Hadron Collider (Großer Hadronen-Speicherring, abgekürzt LHC), ein riesiger ringförmiger Tunnel, der sich 100 m unter der Erde befindet und 27 km lang ist. Strahlen aus Protonenteilchen werden mit Spitzengeschwindigkeit in den LHC geschossen, wo sie im Vakuum (luftleeren Raum) umhersausen und kollidieren. Riesige Magnete halten die Protonenstrahlen in der Spur.

LINFEN: DICKE LUFT

Linfen in China gilt als die Stadt mit der schlimmsten Luftverschmutzung der Welt. Aber es gibt noch andere schmutzige Orte.

GIFTIGE GASE

In Linfen verschmutzt die Kohleindustrie die Luft mit Staub, Ruß und stinkenden, giftigen Gasen wie Kohlendioxid und Schwefeldioxid, die für die 3 Millionen Einwohner extrem gesundheitsschädlich sind.

2007 mussten die Einwohner von Linfen 163 Tage extrem verdreckte Luft atmen. Seitdem wird es langsam besser.

GANZ SCHÖN KRANK

Die Luftverschmutzung in Linfen liegt weit über den Grenzwerten, die die Weltgesundheitsorganisation festgelegt hat. Sie verursacht Krankheiten wie Bronchitis, Lungenentzündung und Lungenkrebs. Außerdem leiden die Kinder in Linfen an Bleivergiftung.

DICKER DUNST

Linfens Industrie ist sehr schnell gewachsen. Es gibt jede Menge Bergwerke, Fabriken und Raffinerien. Sie verbrauchen so viel Wasser, dass es rationiert werden muss. Inzwischen versucht Linfen, sauberer zu werden, und hat viele Dreckschleudern durch modernere Hightech-Anlagen ersetzt.

Das Foto zeigt den Smog (dreckige Luft), der Linfen in gelblichen Nebel hüllt.

Der pazifische Müllteppich
ist ein riesiges Gebiet im Nordpazifik, in dem sich Plastikreste aus Abfällen unter der Wasseroberfläche ansammeln. Sie kreisen in einem riesigen Strudel, der größer als die USA sein soll. Kein Meerestier kann dort leben.

Jardim Gramacho in Brasilien war die größte Müllkippe der Welt, bis sie 2012 geschlossen wurde. Müllsammler wohnten auf dem Müll, den sie sortierten und verkauften.

Guiyu Zhen in China ist die weltweit größte Müllhalde für Elektronikschrott. Jeden Tag werden dort rund 100 Lkw-Ladungen Elektronikschrott angeliefert, die von Müllarbeitern sortiert werden.

MÜLLKIPPEN DER WELT

Nicht nur in Linfen ist es schmutzig. Hier noch mehr krasse Beispiele:

Cubatão in Brasilien war mal so verdreckt wie Linfen, ist aber inzwischen viel sauberer.

An die Arbeit!

Es geht auch anders

- Cubatão in Brasilien ist eine Erfolgsgeschichte, an der sich Linfen ein Beispiel nehmen könnte. Früher wurde die Stadt „Tal des Todes" genannt, weil ihre schreckliche industrielle Verschmutzung die Bäume und Vögel tötete und die Flüsse vergiftete. Doch die Menschen haben hart daran gearbeitet, die Stadt sauberer zu machen, und die Dinge sind um einiges besser geworden.

- In vielen Gegenden werden heute umweltfreundliche Wohnhäuser und Fabriken gebaut, die möglichst wenig Energie verbrauchen und wenig Verschmutzung verursachen.

- Masdar in Abu Dhabi soll die erste CO_2-neutrale Stadt der Welt werden. Alle ihre Gebäude nutzen erneuerbare Energien und modernste Technik zur Luft- und Wasserreinhaltung.

07

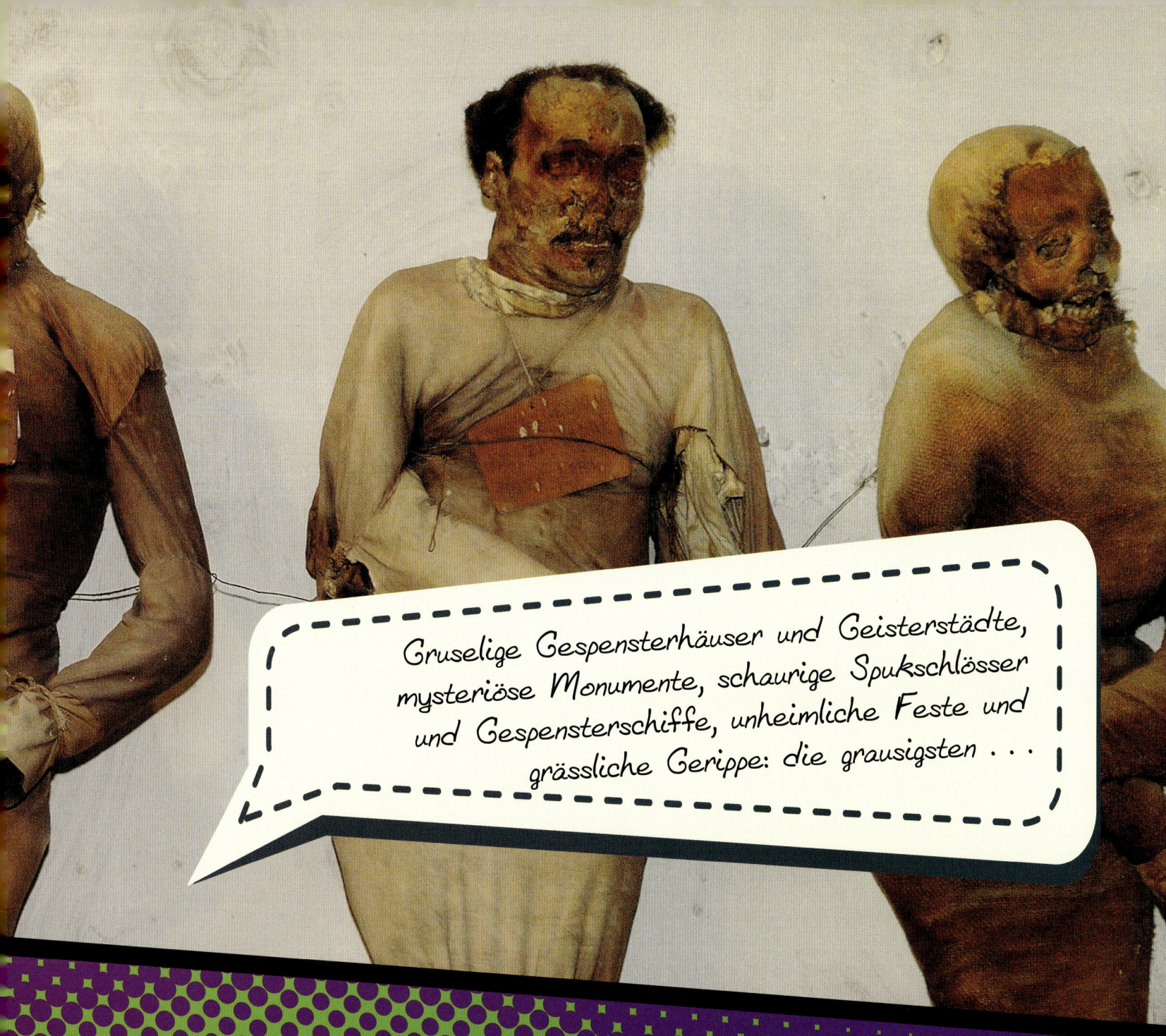

Gruselige Gespensterhäuser und Geisterstädte, mysteriöse Monumente, schaurige Spukschlösser und Gespensterschiffe, unheimliche Feste und grässliche Gerippe: die grausigsten …

GRUSELSTORYS

Mumien in der Kapuzinergruft in Palermo, Seite 130

BERMUDA-DREIECK:
Unheimliche Gewässer

Können Flugzeuge und Schiffe einfach so
im Meer verschwinden, ohne jede Erklärung?
Kommt scheinbar darauf an, wo sie unterwegs sind …

FIESE GESCHICHTE

1945 starteten fünf Militärflugzeuge der US-Marine von Fort Lauderdale, Florida, zu einem Trainingsflug. An der Übung mit dem Namen „Flug 19" waren 14 Flieger beteiligt. Sie kamen nie zurück. In der Nacht schickte die Marine noch mehrere Flugzeuge aus, um die vermissten Flieger zu suchen. Eins davon explodierte mitten in der Luft. Wo sich diese Tragödie abgespielt hat? Über dem Bermuda-Dreieck.

UNHEILVOLLES DREIECK?

Das Schicksal von Flug 19 ist nur eine von vielen seltsamen Geschichten, bei denen Flugzeuge und Schiffe im Bermuda-Dreieck oder in seiner Nähe verschwanden. Das Dreieck ist ein Gebiet im Atlantik zwischen Florida, den Bermudainseln und Puerto Rico.

Bermudainseln

Miami

Puerto Rico

Das Bermuda-Dreieck

WAS IST DA LOS?

Manche glauben, im Bermuda-Dreieck treiben alte Geister oder sogar Außerirdische ihr Unwesen. Andere denken, dass giftige Gase vom Meeresgrund Schiffe versenken und Piloten betäuben. Aber so richtig weiß es keiner.

UNSELIGER SEE

Auch das Michigan-Dreieck ist ein unheimliches Wassergebiet. Es liegt im Michigansee, USA. Manche sagen, dass die Zeit stillzustehen scheint, wenn man es per Flugzeug oder Schiff durchquert. 1937 verschwand hier der Schiffskapitän George Donner aus seiner verschlossenen Kabine. 1955 ging ein Flugzeug mit 55 Passagieren in der Gegend verloren und tauchte nie wieder auf.

Die **Sargassosee** ist eine Stelle im Nordatlantik, wo durch Ozeanströmungen ein seltsam ruhiges Meeresgebiet voll dichter Algen entstanden ist. Hier können Segelboote mangels Wind stecken bleiben und es gibt Gruselgeschichten über leere Schiffe, die man ohne Besatzung treibend fand.

Bei den **Los-Roques-Inseln** vor Venezuela sind seit den 1990er Jahren mehr als ein Dutzend Flugzeuge abgestürzt.

Früher erzählte man Schauermärchen, dass die **Algen** der Sargassosee (unten) Schiffe umklammern und sogar Menschen fressen!

GRUSELGEWÄSSER

Nicht nur das Bermuda-Dreieck ist dafür berüchtigt, Flugzeuge, Schiffe und Seeleute spurlos verschwinden zu lassen ...

Willkommen auf meinem morschen Kahn? Ich fahre weiter in die Ewigkeit.

EIN WRACK, DAS NICHT ZUR RUHE KOMMT

Auch Australien hat seinen Meeresspuk. 1963 lief das Frachtschiff Alkimos (links) vor der Küste auf Grund. In dem Wrack soll es spuken: Man hört Schritte, riecht Kochdüfte und sieht schon mal ein Gespenst in Ölzeug und Gummistiefeln, das „Harry" getauft wurde.

Tower
of London

Der Tower of London ist fast 1000 Jahre alt. Mehrere englische Könige und Königinnen haben die Festung als ihren Privatkerker benutzt. Manche der Gefangenen verloren hier ihren Kopf und sollen heute noch durch die gruseligen Gänge und Innenhöfe spuken.

RUNTER MIT DER RÜBE!

FIESE ANGEWOHNHEIT

Der englische König Heinrich VIII. (links), der von 1508 bis 1547 regierte, steckte diverse Feinde und Ehefrauen in den Tower und befahl, sie zu köpfen. Die vornehmeren Gefangenen wurden auf dem Innengelände unter Ausschluss der Öffentlichkeit hingerichtet, andere vor großem Publikum auf dem benachbarten Tower Hill.

DIE KLEINEN PRINZEN

Die berühmtesten Bewohner des Tower waren die Prinzen Eduard und Richard, die erst 12 und 9 Jahre alt waren. Eduard wurde 1483 König, aber sein Onkel Richard schickte die Jungen in den Tower und krönte sich selbst als Richard III. zum König. Die Prinzen verschwanden. Man munkelte, sie wären ermordet worden. Wachen wollen ihre Geister gesehen haben, wie sie im Nachthemd herumschweben und sich an den Händen halten.

HEINRICHS KOPFLOSE EX

Anne Boleyn, die zweite Frau Heinrichs VIII., wurde im Tower geköpft. Heinrich war sauer, weil sie keinen Sohn bekam, und beschuldigte sie, ihn betrogen zu haben. Sie wurde auf dem Innengelände des Tower hingerichtet. Seitdem soll ihr Geist hier herumwandern – mit dem Kopf unterm Arm.

ALS GESPENST HAT MAN'S AUCH NICHT LEICHT!

WAHNSINN!

1674 FANDEN BAUARBEITER ZWEI KINDERSKELETTE UNTER EINER TREPPE IM TOWER. ABER NIEMAND KANN GENAU SAGEN, OB DAS DIE BEIDEN VERMISSTEN PRINZEN SIND.

MEHR TURMGESPENSTER

● Es heißt, Margaret Pole, die Gräfin von Salisbury, hätte sich geweigert, niederzuknien, um sich köpfen zu lassen. Der Henker musste ihr nachlaufen und mit der Axt auf sie eindreschen. Seitdem wird die grausige Szene von Gespenstern immer wieder nachgespielt.

● 1553 wurde Lady Jane Grey nach neun Tagen als Königin abgesetzt und später im Tower hingerichtet. Angeblich erscheint sie im weißen Kleid auf den Türmen.

● Früher beherbergte der Tower den königlichen Zoo. 1815 sah ein Wachposten einen riesigen Bären auf sich zustürmen, obwohl es den Zoo seit Jahrhunderten nicht mehr gab. Er wollte ihn mit seinem Bajonett abwehren, aber das stieß durch ihn hindurch wie durch Luft.

TAG DER TOTEN

Mexiko feiert jedes Jahr am 1. und 2. November ein seltsames Spukfest. Man nennt es Día de los Muertos (Tag der Toten), auch wenn es über zwei Tage geht. In dieser Zeit werden Friedhöfe, Häuser, Schulen und Geschäfte mit Skeletten und Totenköpfen dekoriert.

GESPENSTER WILLKOMMEN!

Der Tag der Toten ist ein Fest zur Erinnerung an alle, die gestorben sind. Die Mexikaner stellen Altäre und Opfergaben für ihre Toten auf, weil sie glauben, dass die Verstorbenen dann für ein, zwei Tage auf die Erde zurückkehren, um bei ihren Lieben zu sein. Das klingt vielleicht gruselig, ist aber ein Riesenspaß!

Die Mexikaner feiern mit Partys und Festzügen (rechts) und dichten Lieder über verstorbene Freunde und Verwandte.

TODSCHICK

Die Catrina (unten) ist eine schick aufgestylte Knochenfrau, die am Tag der Toten als Dekoration aufgestellt wird. Manche verkleiden sich zu den Festzügen auch selbst als Catrina.

TOTENSCHMAUS

Zu jedem Festessen am Tag der Toten gehört das *pan de muerto* – Totenbrot. Das süße Brot wird in Schädelform oder in runden Laiben mit Knochendeko gebacken.

Was geht ab am Tag der Toten?

Während der Festtage …

- … besucht man Friedhöfe, um die Gräber hübsch zu machen und mit speziellen Opfergaben zu dekorieren. Dazu gehören Kerzen, Spielzeug, Zuckerschädel, Blumen, Getränke und Skelettpuppen.

- … wird zu Hause ein Altar mit Opfergaben und Leckereien aufgestellt.

- … gehen die Mexikaner in Skelettkostümen und mit Gesichtsbemalung zu Partys und Festzügen und machen jede Menge Musik und Radau, um die Toten aufzuwecken.

- … macht man den Toten Gästebetten aus Kissen und Decken zurecht.

VIELEN DANK FÜR DIE BLUMEN!

Gräber und Altäre werden mit orangefarbenen Ringelblumen geschmückt. Die knallige Farbe soll den Geistern der Toten den Weg nach Hause weisen.

PALERMOS KAPUZINER-GRUFT

In Palermo, Italien, kannst du eine echt schaurige Sehenswürdigkeit bestaunen: eine riesige, unterirdische Sammlung ausgedörrter Leichname, von denen viele wie zu ihren Lebzeiten gekleidet sind. Ob das die gespenstischste Touristenattraktion der Welt ist?

GRUFTIGE CLIQUE

Die Kapuzinergruft von Palermo besteht aus Grabkammern, die vor rund 400 Jahren unter dem Kapuzinerkloster der Stadt gebuddelt wurden, als der Platz auf dem Friedhof für die Mönche nicht mehr ausreichte. Der erste Mönch, der in den Kammern bestattet wurde, war Bruder Silvestro da Gubbio. Dort ist er bis heute und begrüßt die Besucher am Eingang.

KNOCHENTROCKEN

Das unterirdische Gestein in dieser Gegend kann sehr viel Feuchtigkeit aufsaugen. Die Mönche stellten fest, dass die Leichname in den unterirdischen Kammern nicht verfaulten, sondern rasch austrockneten und zu Mumien wurden. Manche zerfielen zwar später und sind heute nur noch Gerippe, aber andere sind mit Haut, Haaren und Augen erhalten. Manche sind in lebensechten Gruppen angeordnet, als würden sie sich unterhalten.

Immer nett lächeln, Brüder!

SCHAURIG SCHÖN

Die Gruseldeko im Beinhaus von Sedlec, das auch „Knochenkirche" genannt wird, kann mit der Kapuzinergruft von Palermo mithalten. Im Mittelalter rissen sich die Leute darum, hier bestattet zu werden, weil das Klostergelände in Tschechien als besonders heilig galt. 1870 wurden mindestens 40 000 Skelette, die im Keller der Kirche lagerten, zu tollen Mustern und Dekorationen verarbeitet, zum Beispiel zu einem Kronleuchter ganz aus Knochen.

ORDNUNG MUSS SEIN

In der Kapuzinergruft sind die Toten an den Wänden der Kammern und Gänge entlang nach verschiedenen Kategorien geordnet. Es gibt Männer- und Frauenabteilungen und spezielle Bereiche für Kinder, Priester, Ärzte, Anwälte und Lehrer. Die Mumien tragen dieselbe Kleidung wie im Leben.

OOH!

WAHNSINN!

DER KRONLEUCHTER VON SEDLEC ENTHÄLT MINDESTENS EIN EXEMPLAR VON JEDEM KNOCHEN, DER IM MENSCHLICHEN KÖRPER VORKOMMT.

Künstlerische Knochenkreationen im Beinhaus von Sedlec

HÜBSCH HÄSSLICH

Die meisten Menschen, die in der Gruft bestattet wurden, waren reich und wollten nach ihrem Tod genauso vornehm aussehen wie im Leben. Deshalb siehst du hier viele aufgestylte Mumien im Sonntagsdress mit Hüten, Hauben, Schmuck und Schirmen.

Lizzie Bordens SPUKHAUS

Huuuhuuu! Klopf, klopf ... Wenn du dich ganz doll gruseln willst, übernachte doch mal in einem Spukhaus. Dieses hier war Tatort eines blutigen Mordes und ist heute eine Pension.

HORRORHAUS

In Lizzie Bordens Haus in Fall River, Massachusetts, USA (rechts), passierte 1892 ein schrecklicher Mord: Andrew Borden und seine Frau Abby wurden mit einer Axt erschlagen. Ihre 32-jährige Tochter Lizzie geriet in Verdacht, sie umgebracht zu haben. Es gab sogar ein berühmtes Lied über den Fall (siehe unten).

Lizzie Borden

« Lizzie Borden mit dem Beile hieb auf ihren Vater 10 mal. Und danach in aller Eile gab's Hiebe für die Mutter, 11 an der Zahl! »

NA DANN, GUTE NACHT!

Bis heute weiß niemand, wer die Bordens ermordete, aber ihr Haus ist als Spukhaus berüchtigt. Heute ist es eine Pension. Einige Mitarbeiter und Gäste wollen hier gespenstische Frauen in altmodischen Kleidern gesehen haben, Türen, die sich von Geisterhand öffneten, und Bettzeug, das sich von selbst bewegte. Andere hörten Geflüster, Weinen und Schritte.

In Winklichkeit starb Andrew Borden an 11 Axthieben und seine Frau an 19. Viele Leute halten Lizzie Borden für die Mörderin, obwohl sie vom Gericht freigesprochen wurde.

SPUKSCHLOSS

Auch Hampton Court Palace (rechts) in der Nähe von London, England, ist für seine Gespenster berühmt. Von den diversen Königen und Königinnen, die früher hier wohnten, scheinen einige noch herumzuspuken. Catherine Howard, die fünfte Frau von Heinrich VIII., wurde hier gefangen gehalten. Angeblich versuchte sie zu fliehen und rannte schreiend einen Gang hinunter. Besucher erzählen, sie hätten ihre Schreie und dumpfes Türklopfen gehört. Auch Heinrich VIII. selbst soll gelegentlich durchs Schloss wandern. Und manchmal hört man eine Kinderfrau seines Sohns Eduard ihr Spinnrad drehen.

Wuff!

WAHNSINN!

ALS PRÄSIDENT ROOSEVELT IN DEN 1940ER JAHREN IM WEISSEN HAUS WOHNTE, BELLTE SEIN HUND FALA OFT ETWAS UNSICHTBARES AN. VIELLEICHT EINEN GEIST?

SPUK ODER SCHERZ?

2003 nahmen die Überwachungskameras des Hampton Court Palace etwas SEHR Unheimliches auf: eine gruselige Knochengestalt in einem langen Umhang, die aus einer Schlosstür kam. Manche halten das für einen Beweis, dass es Gespenster wirklich gibt, andere für einen Schabernack.

Lizzie Bordens Haus

WER SPUKT DURCHS WEISSE HAUS?

Im Weißen Haus in Washington D. C. wohnt der Präsident der USA. Einigen früheren Präsidenten gefiel es hier offenbar so gut, dass sie nie ganz ausgezogen sind! Der berühmteste davon ist Abraham Lincoln, der 1865 von einem Attentäter erschossen wurde. Sein Geist wurde angeblich gesehen, wie er auf dem Bett saß und seine Stiefel anzog. Außerdem sollen noch Lincolns Sohn Willie, mindestens vier andere Präsidenten und ein gespenstischer Soldat hier herumgeistern.

ES WAR EINMAL IN TSCHERNOBYL

Immer mal wieder kommt es vor, dass eine Stadt von all ihren Bewohnern verlassen wird: Zurück bleibt eine unheimliche Geisterstadt. Ein besonders trauriger Fall ist Tschernobyl.

TODESSTRAHLUNG

1986 explodierte das Kernkraftwerk Tschernobyl (rechts) in der Ukraine und verseuchte die Umgebung mit tödlicher Strahlung. In der Stadt Prypjat, die für die Mitarbeiter des Kraftwerks gebaut worden war, wohnten fast 50 000 Menschen. Sie mussten alle wegziehen. Die verseuchte Stadt verfällt allmählich und wird von Bäumen überwuchert.

Geiger-Zähler messen in Prypjat starke Strahlung.

In den Gebäuden von Prypjat, wie hier in einer Schule, stehen noch die alten Möbel.

Das verlassene Riesenrad von Prypjat gehört zu den bekanntesten Wahrzeichen der Stadt.

VERGESSENES FERIENLAND

Wie Prypjat ist auch Varosia auf Zypern (rechts) eine menschenleere Geisterstadt. Früher war es ein beliebter Urlaubsort am Meer. Aber als die Türkei 1974 den Nordteil von Zypern besetzte, marschierte das Militär auch in Varosia ein und erklärte die Stadt zum Sperrgebiet. Die Bewohner flohen und kamen nie zurück. Besucher erzählen, dass die Wäsche von vor 40 Jahren noch immer auf den Leinen hängt. Alte Sonnenschirme stehen vor verlassenen Hotels und in den Läden rotten Produkte aus den 1970er Jahren vor sich hin.

DER DRACHENFLUCH

Dieses futuristische Dorf wurde in den 1970er Jahren in Sanzhi, Taiwan, gebaut. Aber nachdem bei den Bauarbeiten mehrere Menschen starben, wurde das Projekt aufgegeben. Manche sagten, es liege ein Fluch über dem Dorf, weil eine chinesische Drachenskulptur beschädigt wurde, um Platz für eine Straße zu den Häusern zu schaffen. Das Dorf war jahrelang eine Sehenswürdigkeit und Filmkulisse, wurde aber inzwischen abgerissen.

FILM AB!

Das menschenleere Craco eignet sich gut als Filmkulisse und war im Bond-Film „Ein Quantum Trost" zu sehen.

STRASSEN DES SCHWEIGENS

Auf einem steilen Hügel in Süditalien pfeift der Wind durch die einsamen Gassen von Craco, das seit 1963 leer steht. Das Dorf ist über 1000 Jahre alt, aber nach einer Reihe von Erdbeben und Erdrutschen wurde es zu gefährlich, hier zu wohnen. Alle Bewohner mussten umziehen. Du kannst Craco aber besuchen, um seine unheimliche Stille selbst zu erleben.

TUMMELPLÄTZE DER GESPENSTER

Geister treiben sich nicht nur in alten Häusern und Schlössern herum. Auch an vielen anderen Orten, drinnen wie draußen, sollen Gespenster und Unholde herumspuken.

SPUKSTEINE

Der Sage nach waren die uralten Rollright Stones im englischen Oxfordshire (rechts) einst eine Truppe von Rittern, die von einer Hexe in Steine verwandelt wurden. Dasselbe machte sie mit ihrem König und Anführer – er ist der größte Stein. Angeblich erwachen die verwunschenen Ritter um Mitternacht zum Leben und gehen zum Fluss hinunter, um zu trinken. Manche Leute behaupten, es sei unmöglich, die Steine zu zählen: Bei jeder Zählung käme ein anderes Ergebnis heraus.

Durst, Durst!

THEATERSPUK

Gespenster scheinen Theater zu mögen. Die Schauspieler freuen sich, sie zu sehen, weil das Glück bringen soll. Ein Theater mit besonders vielen Gespenstern ist das Theatre Royal in der Drury Lane, London (rechts). Hier haben schon viele Leute den „Mann in Grau" gesehen. Er trägt Klamotten aus dem 18. Jahrhundert, einen schicken Hut und ein Schwert. Angeblich ist er der Geist eines Mannes, dessen Skelett 1848 in einem zugemauerten Durchgang gefunden wurde – mit einem Messer zwischen den Rippen.

CLUB DER FEINGEISTER

Noch mehr Gespenster, die in der Drury Lane ihr Unwesen treiben:

- Ein gespenstischer Clown namens Grimaldi (links), der angeblich Schauspieler mit Lampenfieber zur Bühne begleitet.
- Der übellaunige Geist eines Schauspielers, der einen seiner Kollegen bei einem Streit im Theater umbrachte.
- Die Geister von König Karl II. und einigen seiner Saufkumpane.
- Ein Gespenst, das im Publikum sitzt.
- Der Geist eines Komikers, dem das Lachen schon lange vergangen ist.

Weblink

Hier gibt es Gespensterbilder aus der Willard-Bibliothek: www.willardghost.com

HAARIGER FAHRSTIL

Es soll sogar verwunschene Straßen geben. Eine davon ist die Landstraße zwischen Postbridge und Two Bridges in Devon, England. Anfang des 20. Jahrhunderts passierten hier viele seltsame Unfälle. Die Fahrer sagten, sie hätten gespürt und manchmal auch gesehen, wie ihnen ein Paar große, haarige Hände ins Steuer griff.

UNSTERBLICHE LESELUST

Durch die Willard-Bibliothek (oben) in Indiana, USA, spukt die „Graue Lady". Das soll eine stille, nett aussehende alte Dame sein, die sich immer nur kurz blicken lässt – vor allem in der Kinderabteilung. Sie ist inzwischen so berühmt, dass die Bibliothek Gespensterführungen anbietet und Webcams angebracht hat, um ihr auf die Schliche zu kommen.

08

Die gemeingefährlichsten, heißesten, kältesten, sumpfigsten, stürmischsten, erschreckendsten, brenzligsten und explosivsten ...

GEFAHRENZONEN

Wo die Haie beißen: Seite 142

COOL VERRÜCKTE WELTWUNDER

EISKALTE MEERE

Wahnsinnswellen, heulende Winde, Eisberge und tödliche Strömungen: Die Weltmeere gehören zu den gefährlichsten Regionen unseres Planeten. Und das Südliche Eismeer ist das gefährlichste von allen.

SCHAURIGER SÜDEN

Von allen Meeren der Welt ist das Südliche Eismeer oder Südpolarmeer (rechts) rund um den antarktischen Kontinent bei den Seeleuten am meisten gefürchtet. Und wegen seiner Nähe zum Südpol ist es hier richtig, richtig KALT!

WILDE WINDE

Da sie hier kaum auf Land stoßen, fegen die Winde des Südpolarmeers ungebremst rund um den Planeten und werden dabei immer schneller. Das Meer liegt zwischen dem 40. und 70. südlichen Breitengrad. Die Seeleute nennen diese Breiten „Brüllende Vierziger", „Rasende Fünfziger" und „Heulende Sechziger".

Die bis zu 18 m hohen Wellen des Südpolarmeers können Schiffe versenken.

MONSTERBRECHER

Eine Riesenwelle, die sich am Ufer bricht, kann lebens-
gefährlich sein. Trotzdem reisen tollkühne Wellenreiter auf
der Suche nach den größten Brechern rund um die Welt.

• Bei Nazaré, Portugal, erwischte der Surfer Garrett
McNamara 2013 die vielleicht höchste Welle, auf der je
ein Mensch geritten ist – sie war rund 30 m hoch.

• Monsterwellen gibt es auch bei Pe'ahi
auf Hawaii (links). Sie sind so gefährlich,
dass der Strand „Jaws" (Schlund)
getauft wurde.

WAHNSINN!

DER GRÖSSTE BEKANNTE
EISBERG HIESS B-15 UND
WAR BEI SEINER ERSTEN
SICHTUNG IM JAHR 2000
FAST 300 KM LANG.

WASSER-WIRBEL

Kann ein riesiger Strudel ein Schiff
unter Wasser ziehen? Es gibt nur wenige
richtig große Strudel auf der Welt. Dazu gehören
der Moskenstraumen und Saltstraumen in Norwegen, Old Sow in Kanada, Naruto in Japan (im Bild
unten) und Corryvreckan in Schottland. An all diesen
Orten fließt der Gezeitenstrom durch enge Kanäle,
wodurch sich spiralförmige Wasserwirbel bilden.
Großen Schiffen passiert nichts, aber solche
Strudel können kleine Boote versenken
und Schwimmer ertränken.

EISBERG!

Eisberge sind rund um die Arktis
und Antarktis (oben) eine ständige
Gefahr. Die größten schwimmen sehr weit,
bevor sie schmelzen – manche bis fast an den
Äquator. Wenn sie umkippen, können sie Boote in der
Nähe zerschmettern oder überschwemmen. 90 % der
Eismasse sind unter Wasser, sodass ein Schiff leicht
mit diesem unsichtbaren Hindernis kollidieren kann.
Die Titanic, zur damaligen Zeit eins der größten und
solidesten Schiffe, sank 1912, als sie nachts
mitten im Nordatlantik einen Eisberg
rammte. Über 2000 Menschen
starben.

VORSICHT, BISSIG!

Wo auf der Welt lauern die bissigsten Biester? Wir warnen dich vor Orten, an denen Haie oder Krokodile darauf warten, dich als Picknick zu verputzen, oder fuchtige Flusspferde mit lästigen Besuchern kurzen Prozess machen.

HAI-HORROR?

Haie sind weniger gefährlich, als die meisten denken. Sie töten im Jahr weniger Menschen als Krokodile, Hunde oder sogar Bienen. New Smyrna Beach in Florida ist der Ort mit den meisten Haiangriffen in den USA. Hier passiert so viel, dass der Ort auch als „Haibiss-Hauptstadt" der Welt bezeichnet wird.

Schneller, du Fischfutter!

WARUM NEW SMYRNA?

Wellenreiter lieben die Brecher von New Smyrna, aber sie müssen sich das Meer mit den Haien teilen, die zum Ponce de Leon Inlet schwimmen. An dieser Stelle, wo ein Fluss ins Meer mündet, gibt es nämlich jede Menge Fische zu fressen.

TIGER-TERROR

Tigerangriffe sind noch seltener als Haibisse. Das gilt aber nicht in den Sundarbans, einem sumpfigen Waldgebiet in Indien und Bangladesch. Die bissigen Königstiger dort (siehe rechts) kommen oft aus dem Wald, um einheimische Fischer und Dorfbewohner anzugreifen.

GRUSEL-GUSTAV

In den afrikanischen Flüssen Nil und Kongo hausen Nilkrokodile, die viele Menschen töten und sie manchmal sogar aus Booten zerren. Der schlimmste Menschenfresser soll ein Riesenkroko namens Gustav im Tanganjikasee in Burundi sein. Experten wollten es 2002 fangen, aber es entkam.

SORRY, FALSCHER SNACK!

Das Wasser bei New Smyrna ist trüb. Kann sein, dass die Haie dort die Surfer mit Beutetieren wie Robben verwechseln. Die Attacken enden selten tödlich. Meist nimmt der Hai einen Happen, erkennt seinen Irrtum und schwimmt weg.

GEFÄHRLICHE GESELLEN

Von allen großen Tieren sind Flusspferde die gefährlichsten Beißer. Mit ihrem riesigen Kiefer können sie einen Menschen einfach durchbeißen. Besonders aggressiv sind die im Okavango-Delta in Botsuana. Das Wasser dort ist seicht und trocknet oft aus. Deshalb verteidigen die Flusspferde ihr bisschen Wasser so heftig.

NOCH MEHR HAI-HOTSPOTS

- **Bissige Biester in Brasilien:** An den Stränden von Recife, Brasilien, tummeln sich gefährliche Bullenhaie, die sich gern Schwimmer und Surfer schnappen.

- **Attacken in Australien:** Vor Australiens Ostküste leben viele große Haiarten. Deshalb gibt es hier immer wieder tödliche Haiangriffe.

- **Hai-Picknick:** Bei Kapstadt, Südafrika, werden Käfigtauchtouren angeboten, bei denen Touristen den Haien unter Wasser ganz nah kommen. Die Haie werden gefüttert, damit sie zahlreich erscheinen. Schwimmer müssen hier sehr vorsichtig sein!

Reizbare Riffbewohner

Das Great Barrier Reef vor Australien lockt mit seinem traumhaft blauen Wasser und seiner bunten Unterwasserwelt viele Touristen an. Aber Vorsicht, wenn du zwischen seinen Korallen schnorchelst oder tauchst: Hier wimmelt es nur so von gefährlichen Meeresbewohnern.

GLÜCK GEHABT!

2010 kam die zehnjährige Rachel Shardlow am Great Barrier Reef mit den Tentakeln einer Würfelqualle in Berührung. Die Nesselstiche bedeckten ihre ganzen Beine und hätten die meisten Leute umgebracht. Die Ärzte staunten, dass Rachel überlebte und nur Narben behielt.

WÜRFELQUALLE

Diese würfelförmige und durchsichtige Qualle hat ellenlange Tentakeln und kann tödlich sein.

GEFAHR: Das Gift der extrem schmerzhaften Nesselstiche kann zum Herzversagen und Atemstillstand führen.

SICHER IST SICHER: An manchen Stränden halten Netze im Wasser den Schwimmbereich quallenfrei. Es gibt auch quallensichere Spezialanzüge. Wenn du genesselt wirst, gieß am besten Essig auf die Stiche, während du auf den Krankenwagen wartest.

KEGELSCHNECKE

Die Kegelschnecken sind so hübsch, dass Touristen sie oft aufheben, um sie genauer anzusehen. Und dann – ZACK! – schießt die Schnecke eine vergiftete Harpune ab.

GEFAHR: Das Nervengift betäubt dich und kann tödlich sein.

SICHER IST SICHER: Lass einfach die Finger von Kegelschneckenhäusern – vielleicht wohnt noch jemand drin.

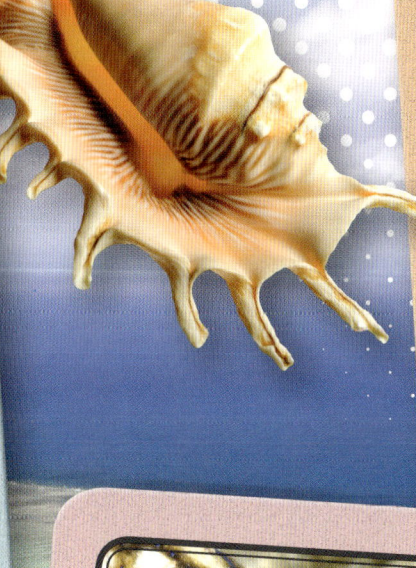

STEINFISCH

Der knubbelige, warzige, gefleckte Fisch liegt genial getarnt auf dem Meeresboden und in Felsspalten. Er hat 13 Giftstacheln, die dich stechen, wenn du auf ihn trittst.

GEFAHR: Das Gift kann tödlich sein, ist aber vor allem EXTREM schmerzhaft.

SICHER IST SICHER: Wer am Great Barrier Reef unterwegs ist, sollte solide Schuhe tragen.

BLAUGERINGELTER KRAKE

Der gerade mal handgroße Krake kann tödlich zubeißen. Meist ist er in bräunlicher Tarn-färbung unterwegs, aber wenn er sauer wird, verfärbt er sich gelb mit neonblauen Ringen.

GEFAHR: Das Gift des Kraken lähmt die Atemmuskulatur.

SICHER IST SICHER: Halte Abstand. Wer gebissen wird, muss sofort ins Krankenhaus.

STACHELROCHEN

Am Great Barrier Reef gibt es viele Stachel-rochen: große, platte Fische mit flügelähnlichen Brustflossen und langem Stachelschwanz.

GEFAHR: Der Stachelrochen kann plötzlich mit dem Schwanz schlagen und dir mit dem Stachel ein gefährliches Gift einspritzen.

SICHER IST SICHER: Bleib auf Abstand und nähere dich den Rochen nie von hinten.

WAHNSINN!

AM GREAT BARRIER REEF LEBEN AUCH VIELE FANTASTISCHE TIERE, DIE WEDER BEISSEN NOCH STECHEN, ZUM BEISPIEL 30 WAL- UND DELFINARTEN UND SECHS ARTEN VON MEERESSCHILDKRÖTEN.

SCHNABELSEESCHLANGE

Die meisten Seeschlangen sind scheu, aber die Schnabelseeschlange ist ziemlich aggressiv und beißt Menschen, die sie stören, wenn sie im seichten Wasser unterwegs ist.

GEFAHR: Ihr Gift ist so stark, dass eine Schlange 50 Menschen töten könnte!

SICHER IST SICHER: Meide die schlammigen Flussmündungen, wo die Schlangen gern lauern.

FIESE FALLGRUBEN

Manche Orte wirken auf den ersten Blick harmlos und friedlich, tatsächlich aber lauern in der Tiefe gemeine Gefahren …

KRASSE KRATER

Ist der Boden unter deinen Füßen fest? In Guatemala, Mittelamerika, haben sich in den letzten Jahren zweimal urplötzlich riesige Krater im Boden aufgetan – einer 2007 und noch einer 2010 (siehe rechts). Sie entstanden, weil unterirdisches Wasser Lehm und Sand wegspülte. So bildete sich erst ein Hohlraum, bis dann der ganze Untergrund plötzlich wegsackte. Diese gigantischen Löcher waren rund 100 m tief und 20 m breit.

TÜCKISCHER TREIBSAND

In Filmen sieht man schon mal, wie Treibsand seine hilflosen Opfer mit schmatzenden Geräuschen in die Tiefe zieht (links). In Wirklichkeit versinkt nur sehr selten jemand so tief im Treibsand. Allerdings soll ein Treibsandgebiet am Okeechobeesee, Florida, USA, 1964 einen Wanderer komplett verschluckt haben. Aber wenn du dich auf den Treibsand legst, schwimmst du oben und kannst dich vorsichtig in Sicherheit schlängeln. Echt gefährlich wird es, wenn jemand mit den Füßen im Treibsand an einem Strand stecken bleibt. In Treibsandgebieten am Turnagain Arm, Alaska, USA, und in der Morecambe Bay, England, ist das schon einigen Menschen passiert, und die sind dann ertrunken, als die Flut kam.

SCHLIMMER SEE

Aus der Tiefe können auch unsichtbare Gefahren aufsteigen. 1986 legte sich eine erstickende Gaswolke über die Dörfer um den Nyossee in Kamerun und tötete Tausende Menschen und Tiere (links). Das Gas war natürliches Kohlendioxid, das aus den Tiefen des Vulkansees heraufgeblubbert kam. Weil es schwerer als Luft ist, strömte es in die Täler hinab und nahm allen die Luft zum Atmen.

RETTENDE ROHRE

Das Unglück am Nyossee passierte, weil das im Wasser gelöste Gas plötzlich und geballt in die Luft entwich, wie bei einem Vulkanausbruch. Das geschieht sehr selten, könnte aber in manchen anderen Seen in Zentralafrika auch passieren. Wissenschaftler wollen das verhindern, indem sie das Gas aus den Seen über Rohre abpumpen.

LÖCHER ÜBERALL

▶ 2010 öffneten sich in China innerhalb von zwei Wochen – vielleicht durch Erdbebenaktivität – acht Erdkrater, die ein Verkehrschaos auslösten.

▶ An der Küste von Florida sackt der Boden häufig weg, weil er von Wasser unterspült wird. 2013 verschwand hier ein Mann in einem Loch, das sich unter seinem Schlafzimmer auftat.

▶ Bei Tuhala, Estland, gibt es viele Bodenkrater. Einer heißt „Hexenbrunnen", weil er sich manchmal auf wundersame Weise mit Wasser aus einem unterirdischen Fluss füllt.

MÖRDERISCHER MORAST

In dem berühmten Sherlock-Holmes-Krimi „Der Hund von Baskerville" nimmt der Bösewicht Jack Stapleton ein übles Ende: Er versinkt im tödlichen Grimpen-Moor. Als Vorbild für dieses erfundene Moor diente wahrscheinlich das Fox-Tor-Moor in Devon, England (oben). Dieses Sumpfgebiet voller tiefer Torfteiche ist für Wanderer bei dichtem Nebel besonders gefährlich.

Die irre KÄLTE der POLE

Nord- und Südpol sind lebensgefährliche Reiseziele, die schon so manchem Forschungsreisenden zum Verhängnis wurden. Wenn du hier im Winter ohne superwarme Klamotten rausgehst, gefrierst du in Nullkommanichts zum Eiszapfen.

EXPEDITION MIT HINDERNISSEN

1901 versuchten die ersten Forscher, über die antarktische Landmasse bis zum Südpol zu wandern. Sie merkten bald, dass Eisfelder, Schneestürme, heftige Winde, steile Berge, eisglatte Gletscher und die mörderische Kälte die Sache verflixt schwierig machten. Zwei Expeditionen mussten umkehren.

1. VERSUCH:

Robert Scott (unten) führte 1901–1904 die erste Expedition an, die 660 km vor dem Südpol aufgeben musste.

2. VERSUCH:

Ernest Shackleton (unten, zweiter von links) versuchte es 1907–1909. Er kam bis auf 180 km an den Südpol heran, musste dann aber umkehren, um einem eisigen Tod zu entgehen. Er sagte zu seiner Frau: «Schatz, ich dachte, dass dir ein lebender Esel lieber wäre als ein toter Löwe!»

POLARPROBLEME

★ **Erfrierungen:** Wenn Körperteile wie Finger, Zehen und Nasen zu kalt werden, können sie komplett einfrieren, sich schwarz verfärben und schließlich abfallen. Wer an den Polen ins Freie geht, muss seine Haut bedeckt halten, um Erfrierungen zu vermeiden.

★ **Schneestürme:** Das Schneetreiben in den Polargebieten ist oft so dicht, dass alles nur noch weiß aussieht. Du siehst nicht mehr, wo du bist und wo du hingehst. Deshalb kannst du dich hier leicht hoffnungslos verlaufen.

★ **Spalten:** In Gletschern oder Eisflächen klaffen oft breite und extrem tiefe Spalten (siehe links) mit eisglatten Kanten, in denen schon viele Menschen verschwunden sind.

Robert Scott und sein Team kamen in der Kälte um.

Roald Amundsen war als Erster am Südpol.

3. VERSUCH:

In den Jahren 1910–1912 schafften es zwei Expeditionen bis zum Südpol. Eine wurde von dem Norweger Roald Amundsen angeführt. Er kam als Erster am Pol an und kehrte heil zurück. Die andere führte Robert Scott. Als er zum Pol kam, stellte er fest, dass Amundsen schneller gewesen war. Dann geriet er mit seinen Männern in einen Schneesturm. Zuletzt ging ihnen das Essen aus und sie erfroren in ihrem Zelt.

TIEFGEFRORENE FORSCHER

Robert Scott (links) und drei seiner Männer wurden später erfroren aufgefunden. Einer der Gruppe, Lawrence Oates, verließ das Zelt schon vorher und marschierte in den sicheren Tod, um seinen Freunden mehr Essen übrig zu lassen. Seine Leiche wurde nie gefunden.

HERRSCHER DES NORDENS

Das eisige Nordende der Erde hat seine eigenen Gefahren. Teile des Nordpolarmeers bleiben das ganze Jahr gefroren, aber große Bereiche frieren nur im Winter zu. Wenn es taut, kann es passieren, dass man plötzlich auf treibenden Eisschollen festsitzt. Außerdem sind hier oben die Eisbären unterwegs. Die riesigen Fleischfresser haben tellergroße Tatzen mit langen Krallen. Sie können sehr gut riechen und erstaunlich schnell rennen.

BEBENDE ERDE

Erdbeben können sich fast überall auf der Welt ereignen. Aber es gibt ein paar Gegenden, wo heftige und gefährliche Beben viel wahrscheinlicher sind als anderswo.

RIESEN-PUZZLE

Die Oberfläche der Erde besteht aus riesigen „Platten", die ineinanderpassen wie die Teile eines Riesenpuzzles, sich aber ganz langsam verschieben. Die Gebiete mit der größten Erdbebengefahr liegen am Rand der Puzzleteile, wo die Platten aneinanderstoßen oder sich verhaken können.

SCHÜTTELSKALA

Die Richterskala gibt an, wie viel Energie bei einem Erdbeben freigesetzt wird. Sie geht von 0 bis ungefähr 10. Die stärksten je gemessenen Erdbeben lagen zwischen 9 und 9,5. Die Erdstöße werden mit einem Seismografen (unten) aufgezeichnet.

WAS TUN BEI ERDBEBEN?

Falls die Erde je unter dir bebt ...

1. Kriech unter Möbel oder stell dich in einen Türrahmen.

2. Wenn du draußen bist, halte Abstand von Gebäuden.

3. Denk nicht, es sei vorbei. Es kann noch mehr kommen!

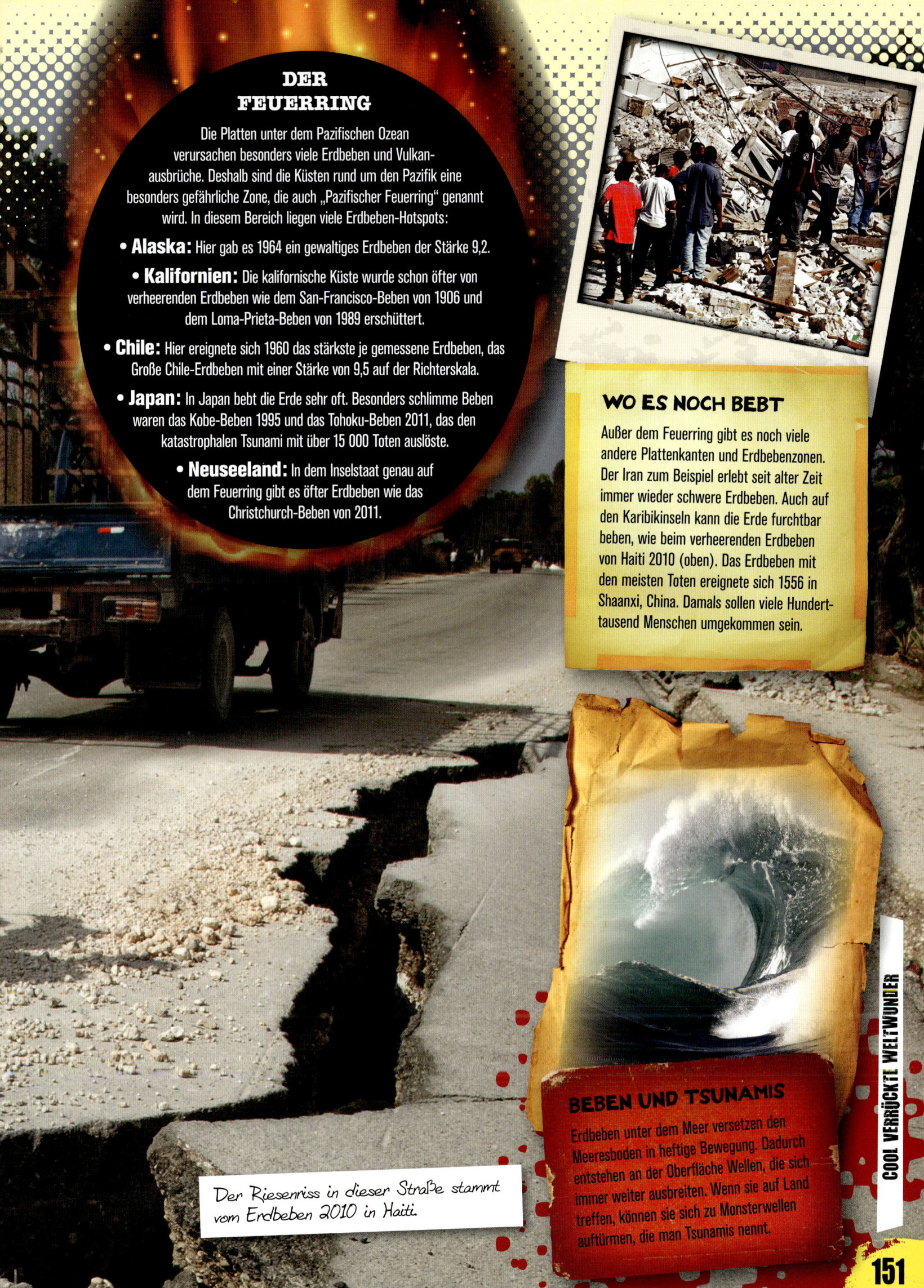

DER FEUERRING

Die Platten unter dem Pazifischen Ozean verursachen besonders viele Erdbeben und Vulkanausbrüche. Deshalb sind die Küsten rund um den Pazifik eine besonders gefährliche Zone, die auch „Pazifischer Feuerring" genannt wird. In diesem Bereich liegen viele Erdbeben-Hotspots:

- **Alaska:** Hier gab es 1964 ein gewaltiges Erdbeben der Stärke 9,2.

- **Kalifornien:** Die kalifornische Küste wurde schon öfter von verheerenden Erdbeben wie dem San-Francisco-Beben von 1906 und dem Loma-Prieta-Beben von 1989 erschüttert.

- **Chile:** Hier ereignete sich 1960 das stärkste je gemessene Erdbeben, das Große Chile-Erdbeben mit einer Stärke von 9,5 auf der Richterskala.

- **Japan:** In Japan bebt die Erde sehr oft. Besonders schlimme Beben waren das Kobe-Beben 1995 und das Tohoku-Beben 2011, das den katastrophalen Tsunami mit über 15 000 Toten auslöste.

- **Neuseeland:** In dem Inselstaat genau auf dem Feuerring gibt es öfter Erdbeben wie das Christchurch-Beben von 2011.

WO ES NOCH BEBT

Außer dem Feuerring gibt es noch viele andere Plattenkanten und Erdbebenzonen. Der Iran zum Beispiel erlebt seit alter Zeit immer wieder schwere Erdbeben. Auch auf den Karibikinseln kann die Erde furchtbar beben, wie beim verheerenden Erdbeben von Haiti 2010 (oben). Das Erdbeben mit den meisten Toten ereignete sich 1556 in Shaanxi, China. Damals sollen viele Hunderttausend Menschen umgekommen sein.

BEBEN UND TSUNAMIS

Erdbeben unter dem Meer versetzen den Meeresboden in heftige Bewegung. Dadurch entstehen an der Oberfläche Wellen, die sich immer weiter ausbreiten. Wenn sie auf Land treffen, können sie sich zu Monsterwellen auftürmen, die man Tsunamis nennt.

Der Riesenriss in dieser Straße stammt vom Erdbeben 2010 in Haiti.

POMPEJI: BEGRABENE STADT

In der Nähe von Neapel in Süditalien liegt die römische Geisterstadt Pompeji. Du kannst sie besuchen, um die uralten Läden, Tempel und Wohnhäuser samt erhaltenen Alltagsgegenständen wie Teller oder sogar Brotlaibe zu besichtigen. Eine ziemlich gruselige Sehenswürdigkeit sind die Gipsabgüsse von Stadtbewohnern im Augenblick ihres Todes.

TÖDLICHER AUSBRUCH

In der Nähe von Pompeji ragt der Vesuv auf, einer der gefährlichsten Vulkane der Welt. Vor fast 2000 Jahren, im Jahr 79 n. Chr., gab es einen gewaltigen Vulkanausbruch, der Pompeji und Dörfer in der Nähe unter einer dicken Schicht aus Steinen, Asche und heißem Gas begrub. Ein paar Bewohner konnten fliehen, aber Tausende wurden verschüttet.

STUMME ZEUGEN

Die Vulkanasche erstarrte zu Stein. Da, wo einst die Körper der Opfer lagen, blieben Hohlräume im Gestein. Diese Hohlräume nutzte man später, um Gipsabgüsse der Toten zu machen (siehe oben).

Ruinen von Pompeji

WOHNEN AM VULKAN

Die Umgebung aktiver Vulkane ist gutes Ackerland, weil die Vulkanasche den Boden fruchtbar macht. Pompeji hatte also ausgezeichnetes Ackerland und war in vieler Hinsicht ein angenehmer Wohnort. Aus demselben Grund leben auch heute noch viele Menschen in aller Welt in der Nähe von gefährlichen Vulkanen – drei Millionen sind es im Schatten des Vesuvs, vor allem in der Stadt Neapel. Dabei ist der Vulkan immer noch aktiv und kann jederzeit wieder ausbrechen.

WO DIE ZEIT STILLSTEHT

Erst 1599 wurde die Stadt unter der Vulkanasche von Bauarbeitern wiederentdeckt. Im 18. Jahrhundert wurde sie ausgegraben und zu einer super Informationsquelle über das Leben in der Römerzeit. Zu den gefundenen Alltagsgegenständen gehörte dieses hölzerne Wiege.

Neapel

VULKANFAKTEN

- Der aktivste Vulkan der Welt ist der Kilauea auf Hawaii (rechts und oben rechts). Er ist aber nicht so gefährlich wie der Vesuv, weil er einen ständigen, sanften Lavastrom produziert, statt zu explodieren.

- Der katastrophalste Vulkanausbruch der Geschichte war der des Tambora in Indonesien 1815. Er tötete über 70 000 Menschen. Einige starben direkt durch den Ausbruch, etliche mehr aber durch Hungersnöte, weil die Vulkanasche in der Luft das Sonnenlicht verdunkelte und so die Ernten ruinierte.

DEATH VALLEY: TÖDLICHE WÜSTE

In der Mojave-Wüste in Kalifornien, USA, liegt einer der berühmtesten gefährlichen Orte der Welt – mit dem passenden Namen „Tal des Todes". Um aus dieser wilden Wüste heil wieder rauszukommen, musst du ein bisschen aufpassen, was du tust.

HÖLLENHITZE

Im Death Valley wurde die heißeste jemals auf der Erde registrierte Temperatur gemessen: Im Sommer 1913 kletterte das Thermometer hier auf 56,7 °C. Außerdem ist es der tiefste Punkt der USA. Obwohl der Boden des Tals 86 m unter dem Meeresspiegel liegt, ist es hier staubtrocken.

GIGANTISCHER GLUTOFEN

Warum ist es im Death Valley so heiß? Das tiefe Tal ist von hohen Bergen umgeben, die fast alle Regenwolken abfangen. Mangels Wolkendecke heizt die glühende Sonne das Tal den ganzen Tag auf. Die Luft kann nirgendwohin, sondern wabert nur auf und ab und wird immer heißer, wie in einem Backofen.

Bitte nicht drauftreten!

ZÄHE SCHNECKEN

Der tiefste Teil des Tals heißt „Badwater Basin" (Schlechtwasser-Becken, rechts) und wird von zählebigen kleinen Badwater-Schnecken bewohnt. Sie verstecken sich unter der Salzkruste des Beckens und vertragen extrem hohe Temperaturen, aber keine trampeligen Touristen – pass also auf, wo du hintrittst!

WAHNSINN!

DER NAME DES US-BUNDESSTAATS KALIFORNIEN, IN DEM DAS DEATH VALLEY LIEGT, KOMMT VIELLEICHT VOM ALTEN SPANISCHEN AUSDRUCK FÜR „HEISSER OFEN".

VORSICHT IM TAL DES TODES

Falls du das Death Valley besuchen willst, musst du dich vor einigen Gefahren in Acht nehmen:

- **Extreme Hitze:** Bei diesen hohen Temperaturen kannst du schnell einen Hitzschlag kriegen.

- **Austrocknung:** Es gibt hier kein trinkbares Wasser. Du musst dir also jede Menge Trinkwasser mitbringen, denn die Hitze macht Menschen SEHR durstig.

- **Extreme Kälte:** Obwohl das Death Valley tagsüber so heiß ist, kann es nachts plötzlich schnatterkalt werden.

- **Sturzfluten:** Es gibt sehr wenig Regen im Tal – nur ungefähr 5 cm pro Jahr. Aber wenn er kommt, dann als plötzlicher, heftiger Sturzregen, der gefährliche Überflutungen verursachen kann.

- **Klapperschlangen:** Diese Gift-spritzen verstecken sich tagsüber gern unter Steinen und an schattigen Plätzen.

- **Pumas:** Die Raubkatzen, die man auch Berglöwen nennt, lassen sich selten blicken, greifen aber manchmal Menschen an.

- **Grubenschächte:** Das Tal ist voller alter Bergbautunnel und -schächte, in die du fallen oder in denen du dich verirren kannst.

WIE DAS TAL GETAUFT WURDE

Das Death Valley soll seinen Namen zur Zeit des kalifornischen Goldrauschs von 1849 bekommen haben. Tausende von Menschen kamen in die Gegend, um Gold zu finden, aber einige verirrten sich unterwegs in das Wüstental. Als sie endlich herausfanden, soll eine Frau gerufen haben: «Tschüss, du Todestal!»

GESALZENER GRUND

Das Badwater Basin (unten) ist eine schlammige Senke, die von einer Salzkruste bedeckt ist. Es gibt hier einen kleinen Wassertümpel, dessen Wasser so salzig ist, dass man es nicht trinken kann. Nach heftigen Regenschauern bildet sich manchmal ein größerer See, genannt Lake Badwater, der aber in der sengenden Hitze schnell wieder austrocknet.

COOL VERRÜCKTE WELTWUNDER

REGISTER

FÜR ELTERN VERBOTEN!
COOL VERRÜCKTE WELTWUNDER

Deutsche Ausgabe veröffentlicht von NATIONAL GEOGRAPHIC Deutschland (G+J/RBA GmbH & Co KG), Hamburg 2014

Copyright © 2013 Weldon Owen Limited

Titel der englischen Originalausgabe:
NOT FOR PARENTS The Real Wonders of the World
1st Edition
Published September 2013
Conceived by Weldon Owen in partnership with Lonely Planet
Produced by Weldon Owen, an imprint of Red Lemon Press Limited

Produktion der deutschen Ausgabe:
Bintang Buchservice GmbH, www.bintang-berlin.de
Übersetzung: Inga-Brita Thiele
Lektorat: Thomas Rach

Umschlagbearbeitung:
www.anjagrimmgestaltung.de (Gestaltung)
www.stephanengelke.de (Beratung)

Herstellung:
G+J Druckzentrale Heiko Belitz (Ltg.), Thomas Oehmke

Druck: 1010 Printing Int Ltd
ISBN 978-3-86690-395-1

Printed in China

Die National Geographic Society, eine der größten gemeinnützigen wissenschaftlichen Vereinigungen der Welt, wurde 1888 gegründet, um «die geographischen Kenntnisse zu mehren und zu verbreiten». Sie unterstützt die Erforschung und Erhaltung von Lebensräumen sowie Forschungs- und Bildungsprogramme. Ihre weltweit mehr als neun Millionen Mitglieder erhalten monatlich das NATIONAL GEOGRAPHIC-Magazin, in dem die besten Fotografen ihre Bilder veröffentlichen sowie renommierte Autoren aus nahezu allen Wissensgebieten der Welt berichten. Ihr Ziel: *inspiring people to care about the planet*, Menschen zu inspirieren, sich für ihren Planeten einzusetzen.

Die NGS informiert nicht nur durch das Magazin, sondern auch durch Bücher, Fernsehprogramme und DVDs.

Falls Sie mehr über NATIONAL GEOGRAPHIC wissen wollen, besuchen Sie unsere Website unter www.nationalgeographic.de.

BILDNACHWEIS

Abkürzungen lo=links oben, om=oben Mitte, ro=rechts oben, lm=linke Mitte, m=Mitte, rm=rechte Mitte, u=unten, lu=links unten, um=unten Mitte, ru=rechts unten.

Alle Fotos © Shutterstock außer:

4ro, 19lu, 21ru, 40lo, 40m, 44ro, 44u, 45rm, 45ru, 46lu, 47lo, 47ro, 47lu, 50lo, 51lo (LEGOLAND® Billund Resort), 57ru, 60um, 61lu, 65ru, 71rm, 72ro, 83lu, 83ru, 88lm, 88u, 88ru, 91lm, 97lo, 105lu, 105ru, 112m, 112lm, 112ru, 113ru, 125rm, 131lo, 135lm, 137ro, 145ru, 151ro, 153rm, 57lu, 115lo **Alamy;** 1ru, 4m, 15lo, 17 um, 20r, 21lo, 23lm, 25om, 26m, 27ro, 30m, 32m, 32lu, 33ro, 33m, 33rm, 39lo, 39ro, 50m (LEGOLAND® Windsor Resort), 51rm, 52m, 55lo, 55lm, 55rm, 55lu, 56ro, 56lm, 56u, 57om, 61ro, 61ru, 62lu, 63ru, 65lm, 71lu, 71ru, 72lu, 73lo, 73ro, 73lm, 73rm, 75ru, 79ru, 80m, 81ru, 82m, 82lu, 87lo, 91rm, 92m, 96lo, 96lu, 97lu, 98lm, 99ro, 99lm, 99ru, 100m, 101lm, 102m, 104m, 106m, 107lo, 107rm, 107lm, 114m, 114um, 115rm, 115ru, 116m, 117lo, 117ro, 118m, 118lu, 122m, 124rm, 126lu, 127ro, 128m, 130lu, 131lu, 132m, 137om, 138m, 140ro, 140lu, 141lo, 141lm, 142lo, 143ro, 143ru, 144m, 145lo, 146m, 146lu, 147m, 147ru, 148lm, 148lu, 148ru, 149om, 149ro, 149lm, 150m, 152lm, 152m, 152um, 153ro, 154m, 155lm **Corbis;** 46m, 46ro mit freundlicher Genehmigung von **Chutters;** 64um, 65lo, 65ro mit freundlicher Genehmigung von **Cirque de Soleil;** 52ru mit freundlicher Genehmigung von **Formula Rossa;** 53ru mit freundlicher Genehmigung von **Dream World;** 47rm mit freundlicher Genehmigung von **Papabubble;** 137ru mit freundlicher Genehmigung von **Willard Library;** 7lm, 23rm, 36lo, 39um, 42lo, 43rm, 43lu, 43ru, 45ro, 47ru, 51ro, 53lo, 53ro, 53lm, 71um, 76m, 77lo, 77ru, 84m, 87m, 89ru, 91ru, 97rm, 120m, 121lo, 121om, 121ro, 121rm, 125lu, 127lm, 129lu, 130um, 132rm, 135ro, 136lu, 140ru, 141m, 141ru, 147om, 148m, 150lm, 153lo, 153ru, 154lu, 155ru **Getty;** 7lu, 16 rm, 19om, 19ro, 19rm, 24m, 24lm, 25m, 33lu, 34rm, 35rm, 35lu, 59um, 60m, 62ro, 62um, 63lm, 87ro, 89ro, 98ru, 100lu, 106u **Rex.**

Umschlag und Design: **Dynamo Limited**

WEITERE TITEL DER REIHE
FÜR ELTERN VERBOTEN!

Unsere cool verrückte Erde: ISBN 978-3-86690-350-0

Eine cool verrückte Weltreise: ISBN 978-3-86690-268-8

Afrika: ISBN 978-3-86690-396-8
Asien: ISBN 978-3-86690-397-5
Europa: ISBN 978-3-86690-398-2
Südamerika: ISBN 978-3-86690-399-9

Australien: ISBN 978-3-86690-349-4
China: ISBN 978-3-86690-347-0
Großbritannien: ISBN 978-3-86690-348-7
USA: ISBN 978-3-86690-346-3

London: ISBN 978-3-86690-264-0
New York: ISBN 978-3-86690-265-7
Paris: ISBN 978-3-86690-267-1
Rom: ISBN 978-3-86690-266-4

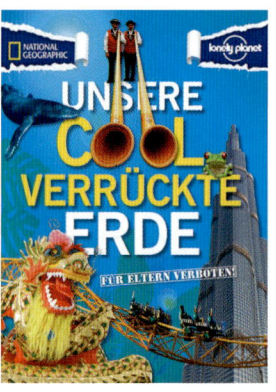
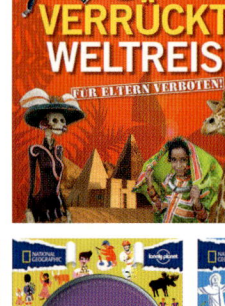

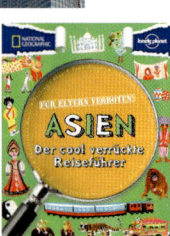
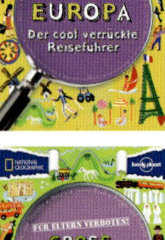